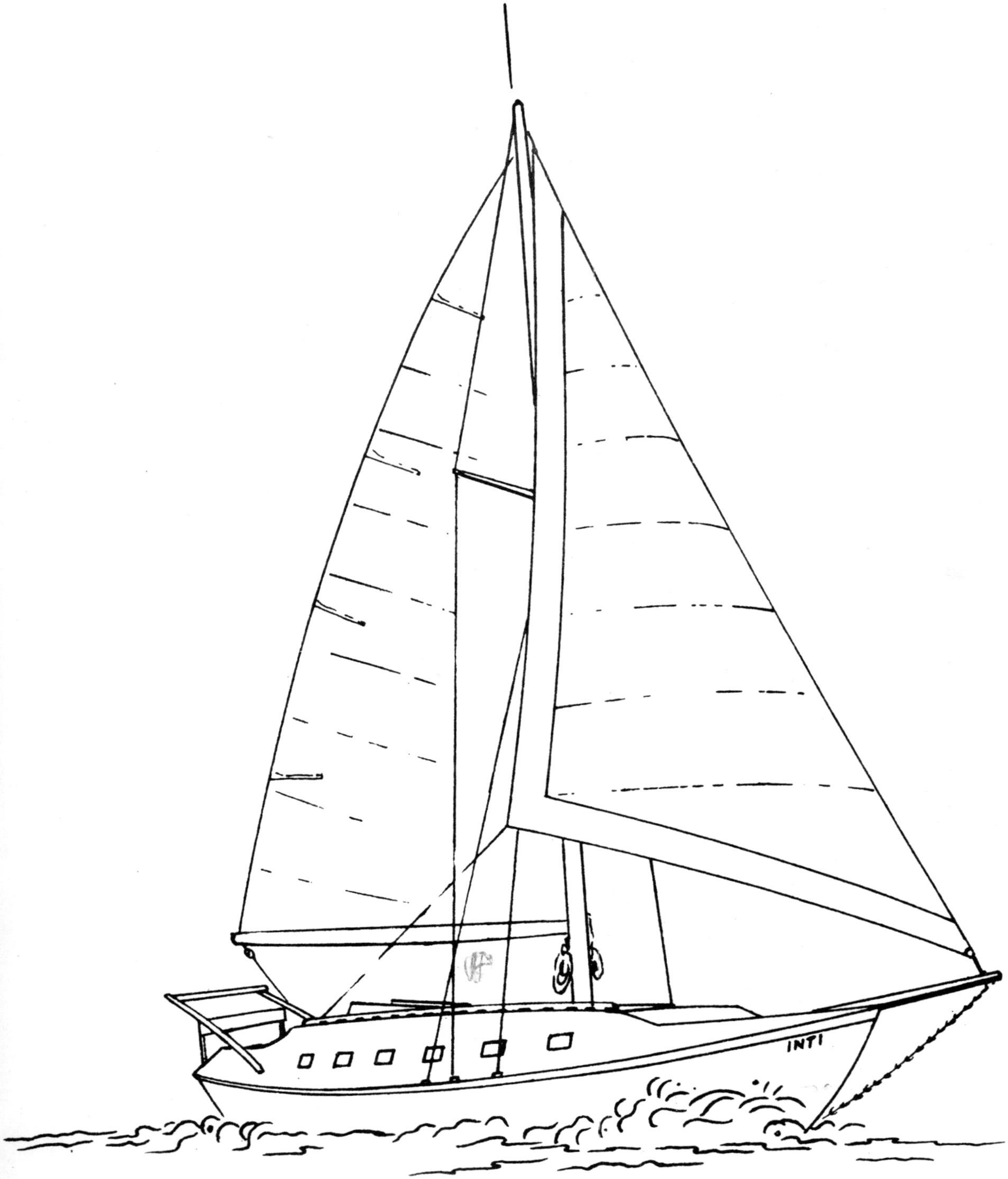
INTI

Seite 1: *Der Wind treibt unser Boot zum fernen Horizont. Wo sich der wolkenschwere Abendhimmel mit dem ruhigen, metallfarbenen Meer trifft, liegt unser Ziel: Galapagos.*

Seiten 2/3: *Vor vielen Millionen Jahren begann der Pazifische Ozean am Äquator, 1000 km westlich vom heutigen Ecuador, zu toben und zu kochen. Rotglühendes Gestein, Magma aus dem Erdinnern, schwarze Lavaasche und rotbraune Schlacke wurden aus dem in Geburtswehen brodelnden Meer hoch in den sonnenüberfluteten Himmel geschleudert. Neues Land, der Archipel von Galapagos, wurde geboren. Inseln aus Feuer und Asche und Steinen, Land ohne Leben, ohne Erde, ohne Samen. Bis heute ist dieses Werden nicht zu Ende, die Vulkane auf Galapagos sind nicht erloschen. Diesen Ausbruch erlebte und fotografierte Tui de Roy Moore auf der Insel Isabela.*

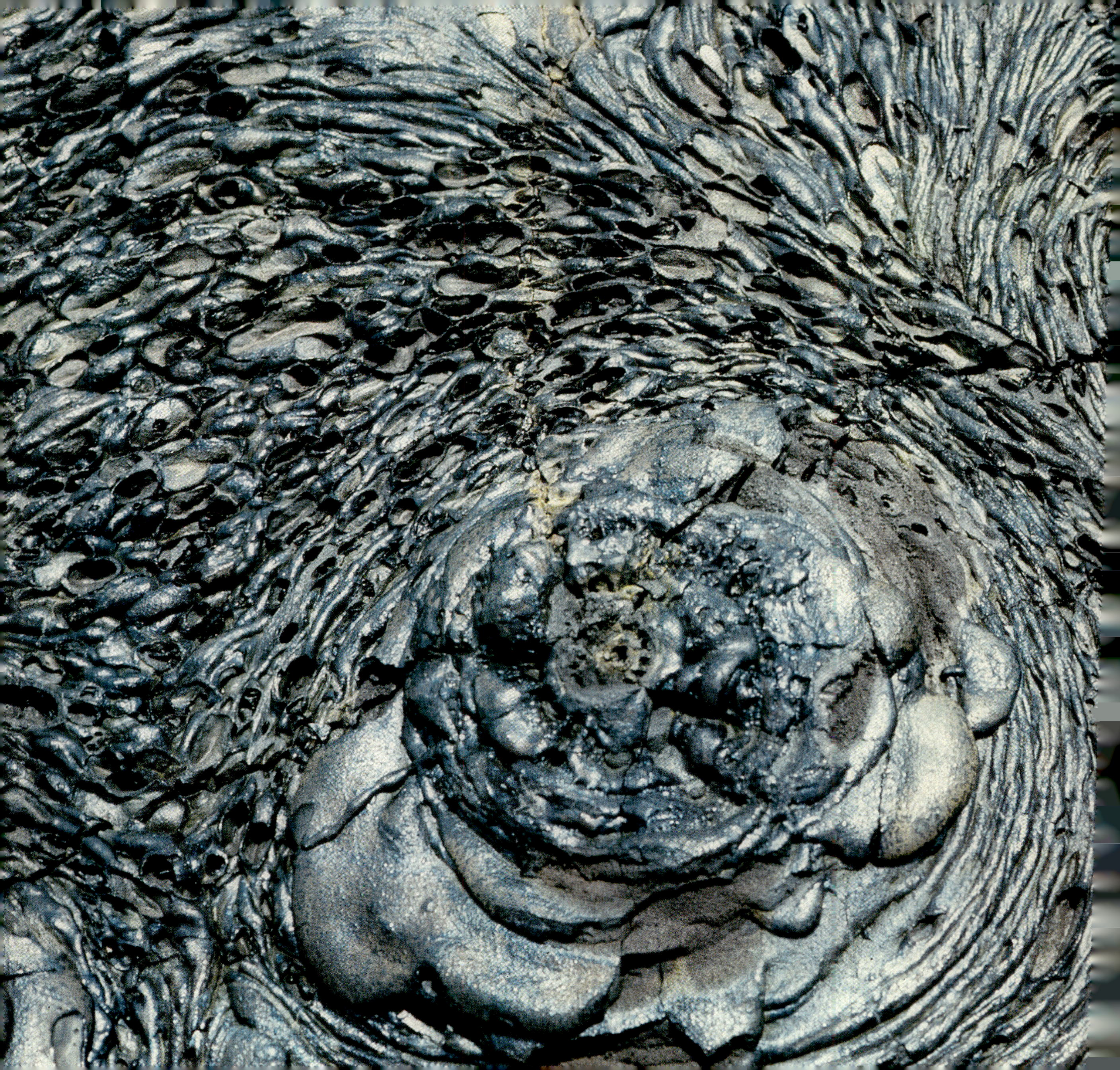

Seiten 4/5: Das fließende Magma erstarrte, aus dem alles verbrennenden Rot wurde kaltes Schwarz. Gas- und Luftblasen platzten und hinterließen Wunden und Narben. Sturm, Regen und Sonnenglut formten an den neugeborenen Inseln weiter, veränderten die Strukturen und die Oberfläche. So entstand abstraktes Land, eigenwillige Kunst der Natur, geschaffen in vollkommener Schönheit oder Häßlichkeit – je nach der Weltanschauung des Betrachters – von den uneingeschränkten Naturgewalten, die sich bis heute keinen menschlichen Gesetzen und Forderungen unterordnen. Die Wanderung über das große schattenlose Lavafeld von James, gegenüber von Bartolomé, unter der im Zenit stehenden Äquatorsonne ist wie eine Wanderung auf einem fernen Stern.

Seiten 6/7: *Tausend Jahre oder mehr waren vergangen, Leben kündigte sich an. Pflanzensamen und Knollen wurden von Passatwinden und Meeresströmungen nach Galapagos getrieben. Der besonders genügsame Kaktus Brachycereus gehört zu den Erstbesiedlern scheinbar toter Lavafelder und demonstriert besonders eindrucksvoll biologische Anpassungsfähigkeit; das winzige Samenkorn entwickelt auch in trockenem Staub Leben und bildet durch Luftfeuchtigkeit und Mineralien sein eigenes Humusbett.*

Seiten 8/9: *Nach weiteren Jahrtausenden folgten den Pflanzen Tiere vom südamerikanischen Festland. Vielleicht sind sie auf eigenen Flößen, auf losen Grassoden oder schwimmenden Baumstämmen, über den Pazifik getrieben, um nach wochenlanger Irrfahrt auf Galapagos an Land gespült zu werden. Nur eine Auslese der Natur konnte hier überleben und sich anpassen, dazu gehören die besonders farbigen und anspruchslosen Geister- oder Felsenkrabben, die uns als rote Farbklekse bei allen Landungen auf den dunklen Lavaständen entgegenleuchten.*

Seiten 10/11: *Wie Wesen einer anderen Zeit, einer im Nebel unbekannter Vergangenheit vergessenen Schöpfungsepoche, erschienen mir diese Riesenschildkröten, die Galapagos den Namen gaben – Schildkröteninseln. Das betrifft nicht nur ihr urweltartiges Aussehen, sondern ebenso ihre plumpen Bewegungen und das genügsame Verhalten, das so gar nicht in unsere hektische und laute Zivilisation passen will. Bei der Beobachtung solcher Lebewesen überträgt sich Ruhe, Anpassung, Kraft, Ehrfurcht, Bescheidenheit und Urvertrauen auf den Menschen – der so eingegliedert wird in die fremdartige Welt von Galapagos, weil die Wege steil, weit, heiß und fordernd sind. Auf solchen Wegen wächst Zufriedenheit und Selbsterkenntnis – ein erster Schritt zum Paradies.*

Seite 12: *Mit den Landtieren kamen auch Seevögel und besiedelten die neugeborenen Inseln. Zu den typischen Bewohnern gehört der Blaufußtölpel. Nicht ohne Stolz zeigt das männliche Tier seine leuchtendblauen Füße mit den Schwimmhäuten zwischen den Krallen bei der Brautwerbung vor. Bei diesem herrlichen Burschen muß das Weibchen einfach weich werden und dem gemeinsamen Nestbau zustimmen.*

GALAPAGOS

Ungewöhnliche Bilder von ungewöhnlichen Inseln

Helfried Weyer

Badenia Verlag Karlsruhe

Umschlagentwurf und Dias: Helfried Weyer, Braunfels
Vorsatz und Nachsatz nach Federzeichnungen
von Tui de Roy Moore, Galapagos

CIP-Kurztitelaufnahme der Deutschen Bibliothek

Weyer, Helfried:
Galapagos : ungewöhnl. Bilder von ungewöhnl. Inseln /
Helfried Weyer. – Karlsruhe : Badenia Verlag, 1985.
ISBN 3-7617-0226-4

Herstellung:
Badenia Verlag und Druckerei GmbH, Karlsruhe

Fotos:
Alle Fotos stammen von Helfried Weyer und sind mit der LEICA auf KODACHROME 64 Film aufgenommen, mit Ausnahme der Aufnahme der Seiten 2/3: Tui de Roy Moore, Galapagos
Die Skizzen auf den Seiten 95, 111, 116, 119 und 138 stammen aus Guide to the Visitor Sites of Parque Nacional Galápagos von Alan und Tui Moore

Gestaltung: Werner Münkel, Karlsruhe

Buchbinderische Verarbeitung:
Großbuchbinderei Spinner, Ottersweier

Printed in the Federal Republic of Germany

ISBN 3 7617 0226 4

Literaturempfehlungen

GALAPAGOS von Tui de Roy Moore
Belser Verlag, Stuttgart und Zürich

GALAPAGOS, Die Arche Noah im Pazifik,
von Irenäus Eibl-Eibesfeld
R. Piper & Co. Verlag, München und Zürich

Nationalpark GALAPAGOS von Fritz Pölking
Kilda Verlag, Greven

Guide to the Visitor Sites of Parque Nacional Galápagos
von Alan und Tui Moore
Servicio Parque nacional Galapagos

Postlagernd Floreana von Margret Wittmer
Verlag Heinrich Scheffler, Frankfurt am Main

GALAPAGOS, das Ende der Welt von William Beebe
F. A. Brockhaus, Leipzig

Inhaltsverzeichnis

Textteil

Vorwort von Dr. A. Wünschmann, WWF 16

Nasse Riesenschildkröten 18

Galapagos – Werden und Sein 22

Galapagos-Karte 39

EL NINO – das böse Kind 44

Die Darwin-Station 62

Die Gringos von Puerto Ayora 65

Floreana 87

Inseln im Süden 94

Inseln im Norden 114

Inseln im Westen 117

Alcedo 137

Bildteil

Inseln werden geboren 1

Santa Cruz 25

Inseln im Süden 49

Inseln im Norden 73

Inseln im Westen 97

Alcedo 121

Der Garten Eden 145

Galapagos – ein Zauberwort

für jeden Naturfreund und Biologen, seit Charles Darwin in der isolierten Tier- und Pflanzenwelt dieses Archipels „am Ende der Welt" ein einzigartiges, offen aufgeschlagenes „Buch der Evolution" entdeckte und mit den hier gewonnenen Erkenntnissen später unser biologisches Weltbild so grundlegend veränderte. Diese „Islas Encantadas" – die „verwunschenen Inseln" –, unter dem Äquator 1000 Kilometer vor der Küste Ecuadors im Pazifik gelegen, werden von zahlreichen Tieren und Pflanzen bevölkert, die nirgendwo sonst auf der Erde vorkommen: Riesenschildkröten, die dem Archipel den Namen gaben, Meerechsen und Landleguane, flugunfähige Kormorane, kleine Pinguine, die es aus der Antarktis hierher verschlagen hat, und die berühmten Darwinfinken sind nur einige Beispiele. Hinzu kommen Kleinsäuger, Krebstiere, Insekten und etwa 250 Pflanzenarten. Sie alle stammen von Vorfahren ab, die mit den kalten Meeresströmungen von der Küste des südamerikanischen Subkontinents nach Norden und in Äquatorhöhe westwärts verdriftet wurden und auf die vor Jahrmillionen aus dem Pazifik aufgetauchten vulkanischen Galapagosinseln gelangten. Hier machten sie in Anpassung an den neuen kargen Lebensraum – im Kräftespiel von Erbgutänderung und Auslese – Sonderentwicklungen durch, die zur Entstehung eigener, teilweise sogar von Insel zu Insel unterschiedlicher Rassen, Unterarten und Arten führten.
Das vorliegende Buch von Helfried Weyer ist keine wissenschaftliche Abhandlung, sondern der auf jeder Seite lebensprühende Reise- und Erfahrungsbericht eines Meisters der Naturfotografie. Der besondere, in Bild und Wort wahrhaft dokumentarische Wert dieses neuen Galapagos-Buches liegt im Zeitpunkt seiner Entstehung. Helfried Weyer und seine Frau Renate wurden auf ihrer Expedition Zeuge einer außergewöhnlichen klimatischen Situation im Gebiet der Galapagosinseln. Durch Umkehr der Passatwinde fand von Mitte 1982 bis Mitte 1983 zwischen dem warmen Oberflächenwasser der El-Nino-Meeresströmung und dem aus Süden kommenden kalten Tiefenwasser kein Austausch mehr statt – eine Katastrophe für die gesamte Pazifikküste Südamerikas, die von schweren Unwettern, Regen und Stürmen heimgesucht wurde. Eine ökologische Katastrophe auch für den Galapagos-Archipel, wo die Niederschläge auf die zehn- bis zwanzigfache Menge und die Meerwassertemperatur teilweise auf 30° C anstiegen. Dadurch „explodierte" die an Trockenheit angepaßte Landfauna und -flora der Inseln zu unglaublicher Üppigkeit und Fülle, während die auf Nahrung aus dem Meer angewiesenen Tiere in den jetzt nährstoffarmen Gewässern regelrecht verhungerten und große Einbußen erlitten.
Solchen periodischen Klimaschwankungen waren die Galapagosinseln in größeren Zeiträumen – ohne

einschneidende Nachteile für die Tier- und Pflanzenwelt – sicher schon immer ausgesetzt. Bedenklich werden derartige Naturkatastrophen erst, wenn der Mensch zusätzlich schädigend in die Bestände einzelner Arten und deren Lebensräume eingreift. Gefahren drohten der einzigartigen Fauna und Flora des Galapagos-Archipels nicht nur durch direkte Verfolgung seitens der Piraten und Walfänger, die vom 17. bis 19. Jahrhundert hier wüteten, sondern vor allem durch die Haustiere, die diese auf ihren Schiffen mitbrachten und zurückließen. Ziegen, Schweine, Esel, Hunde, Katzen, Ratten und Mäuse eroberten ein Eiland nach dem anderen, machten den einheimischen Tierarten Konkurrenz und zerstörten mit der Vegetation das empfindliche biologische Gleichgewicht vieler Inseln. Die Bekämpfung der verwilderten Haustiere ist deshalb heute eine der wichtigsten Naturschutzaufgaben auf den Galapagosinseln, für die sich der WORLD WILDLIFE FUND (WWF) einsetzt.
Schon 1961, im Gründungsjahr dieser inzwischen größten internationalen Naturschutzorganisation, stand die finanzielle und personelle Hilfe für Galapagos auf dem Programm des WWF an oberster Stelle. Seitdem wurden für die Einrichtung und Unterhaltung der Charles-Darwin-Forschungsstation mit ihrem Museum und den Unterrichtsräumen, für die Forschungsschiffe BEAGLE II, III und IV, für Ausbildungs- und Erziehungsprogramme, für Untersuchungen der durch den zunehmenden Tourismus und die einheimische Bevölkerung entstehenden Probleme und entsprechende Gegenmaßnahmen, für zahlreiche andere Forschungsprojekte der 1959 gegründeten internationalen „Charles-Darwin-Foundation" sowie für die Haustierbekämpfung auf den besonders gefährdeten Inseln fast eine Million Dollar aus WWF-Spendenmitteln aufgebracht. Die Umweltstiftung WWF-Deutschland ist an diesen Hilfeleistungen maßgeblich beteiligt.
Ich freue mich sehr, daß Helfried Weyer mit seinem Buch nicht nur auf die Schönheiten der Naturwunder im Galapagos-Nationalpark, sondern auch auf die drohenden Gefahren aufmerksam machen und dafür werben will, den WORLD WILDLIFE FUND bei seinen Bemühungen um die Erhaltung dieses großartigen und unersetzlichen Lebensraumes im fernen Pazifik zu unterstützen. Ich bitte Sie, lieber Leser, sehr herzlich um Hilfe für Galapagos!

Dr. Arnd Wünschmann
Geschäftsführer der
Umweltstiftung WWF-Deutschland

WWF-Deutschland bittet um Ihre Spende für den Naturschutz auf Galapagos.
Commerzbank Frankfurt/Main · Spendenkonto 2000.

Nasse Riesenschildkröten

„Der Tag war glühend heiß und das Kriechen über die rauhe Lavafläche und die verwirrten Dickichte sehr ermüdend; ich wurde aber durch die zyklopische Szenerie reichlich belohnt. Wie ich dahinging, begegnete ich zwei großen Schildkröten, von denen jede wenigstens 200 Pfund gewogen haben muß; die eine fraß ein Stück Kaktus, und als ich mich ihr näherte, starrte sie mich an und kroch langsam fort; die andere stieß ein tiefes Zischen aus und zog ihren Kopf ein. Diese ungeheueren Reptilien in dieser Umgebung von schwarzer Lava, blattlosen Sträuchern und großen Kakteen erschienen meiner Phantasie wie vorsintflutliche Tiere."

Diese Sätze schrieb der britische Naturforscher Charles Darwin im September 1835 in sein Tagebuch, nachdem er seinen Fuß erstmals auf die Galapagosinseln gesetzt hatte. Der junge Wissenschaftler ahnte damals noch nicht, daß seine Beobachtungen auf Galapagos das gesamte Weltbild der Naturwissenschaft umkrempeln sollte, daß er auf diesem Archipel den Schlüssel zu ganz neuen Evolutionstheorien finden würde, und daß der Name Charles Darwin seit dieser ersten Landung untrennbar mit den Galapagosinseln verbunden sein würde. Darwin sah die vielen fremden und wissenschaftlich geradezu verblüffenden Tierarten, aber am stärksten beeindruckten ihn offensichtlich die Riesenschildkröten. So erging es nicht nur Darwin, sondern auch anderen Reisenden, die zufällig oder gewollt schon Jahrhunderte früher hierherkamen; Galapago ist das spanische Wort für Schildkröte und so finden wir den Namen Galapagosinseln – Schildkröteninseln – bereits auf Karten aus dem 16. Jahrhundert.

Mich haben diese seltsamen und seltenen Tiere ebenfalls mehr als alle anderen Lebewesen auf den Galapagosinseln fasziniert und in ihren eigenwilligen Bann gezogen. Deshalb waren wir zu ihnen unterwegs, zu den letzten und wenigen, die sich hoch oben in den Alcedokrater zurückgezogen haben um hier zu überleben. Vermutlich werden sie überleben, aber nur durch aktive Hilfsprogramme der Darwin-Station, die durch weltweite Spenden, durch die UNESCO und nicht zuletzt durch die materielle und praktische Hilfe von WWF (WORLD WILDLIFE FUND) auf der Galapagosinsel Santa Cruz unterhalten wird. Der Vulkan Alcedo ist der mittlere von fünf gewaltigen und immer noch aktiven Vulkanen auf der größten Galapagosinsel Isabela. Im Süden ragen die beiden Vulkane Cerro Azul und Sierra Negra 1700 m und 1100 m hoch in den Himmel, im Norden liegen Darwin und Wolf, 1300 m und 1700 m hoch. Unser Ziel, die gewaltige Kraterschüssel des Alcedo, genau in der Inselmitte, liegt nur 1128 m über dem Meer.

Nachts um zwei Uhr startete unser Freund und Galapagosführer Gil de Roy aus Santa Cruz die 22 PS starke Dieselmaschine seiner Segeljacht Inti. Wir hatten in einer ruhigen Bucht von James während der kurzen Nacht geankert und waren dann in knapp drei Stunden westwärts zur Insel Isabela gefahren, den Bug unseres Schiffes genau auf den Vulkan Alcedo gerichtet. Den schwarzen Lavastrand nur wenige Meilen südlich vom Äquator erreichten wir noch in der Dunkelheit. Anita, Gils junge Frau aus Guayaquil, bereitete rasch ein schmackhaftes Frühstück mit Spiegeleiern und Bananen unter dem strahlenden Sternenhimmel. Dann griffen wir unsere schweren Rucksäcke und reichten sie Gil hinunter in sein Dingi.*

Gil fand sogar einen Platz für eine trockene Landung, warf die riesigen Rucksäcke auf den Strand und verschwand wieder in der Dunkelheit auf dem ruhigen Wasser. Wir waren zu dritt; meine Frau Renate, der Amerikaner Steve, wie Gil Galapagosführer der Darwin-Station, und ich, der ständig umherziehende Fotograf. Der klare Sternenhimmel versprach uns einen schönen Tag, aber auch einen heißen Tag! Deshalb war es gut, schon so früh mit dem Aufstieg zu beginnen. Bald mischte sich ein erster noch zaghafter metallfarbener Schimmer aus dem Osten mit dem kalten Goldlicht der unzähligen Sterne, so daß wir den breiten Rücken des Kraterrandes, der wie ein schlafender Walfisch vor uns lag, und unseren daraufzuführenden Pfad mehr ahnend als sehend erkennen konnten. Vor diesem ersten Morgengruß lag dunkel und schwarz unter dicken Wolkenbänken die Insel James. Der Übergang von der Nacht zum Tag geschieht am Äquator rasch wie eine Bildüberblendung. Deshalb wußten wir auch, daß die ersten Sonnenstrahlen sehr schnell die Wolkenbänke über James auflösen und uns erwärmen würden. Der Pfad führte nur leicht ansteigend durch hüfthohes Gras, in dem vereinzelt Palo-Santo-Bäume ohne jedes Blattwerk standen. Unsere ersten Gegner waren die überschweren Rucksäcke, denn neben der Zelt-, Koch- und Fotoausrüstung schleppten wir Trinkwasser für einige Tage mit. Steve hatte noch eine schwere Machete im Gürtel und mindestens zehn Liter Wasser in der Hand, während sein Rucksack gute 35 kg wog. Ich selbst hatte etwa 25 kg auf den Schultern und Renate nur wenig darunter. Die Wasserversorgung ist das Hauptproblem aller Vulkanbesteigungen in dieser Gegend, denn oben in den Kratern herrscht oft wochenlang eine wüstenähnliche Trockenheit. Unsere zweiten Gegner waren die Alcedospinnen. Wie Drahtverhaue um ein Gefangenenlager liegen und hängen ihre Netze oft in Gesichtshöhe über dem Pfad, so daß unsere Gesichter rasch vom klebrigen Sekret der fleißigen Tiere verschmiert waren. Dabei hatten wir immer ein schlechtes Gewissen, wenn wir eine solche Netzbarriere durchschritten und damit zerstörten, denn die Spinnen an den Alcedohängen bauen ihre Netze ja nicht als Menschenfallen, sondern erhoffen sich von ihnen ein gutes Frühstück. Oft mit Erfolg, denn wir sahen viele Grashüpfer und Insekten, die sich in den kaum sichtbaren Netzen tödlich verfangen hatten. Dann kamen die Spinnen sofort von ihren Beobachtungsposten auf die Beutetiere zugerast und begannen ihr mörderisches Werk. Es scheint hier zwei getrennte Netzsysteme zu geben; einmal sind da das Fangnetz selbst und dann die Zulauffäden für die Spinne, um auf dem kürzesten Weg zum Beutetier zu gelangen.

Der Spinnfaden wird nicht etwa aus dem Speichel der Spinne hergestellt, wie auch ich geglaubt hatte, sondern durch spezielle Spinndrüsen am Hinterleib der Tiere. Durch diese Drüsen wird der klebrige Seidenfaden gepreßt und mit den Hinterbeinen gezogen. Die Festigkeit dieser Fäden ist mit derjenigen von Nylon vergleichbar. So kann z. B. ein

* Dingi kommt aus der Hindusprache und bedeutet kleines Beiboot.

Lauffaden bis zu 80 km Länge frei hängen, bevor er durch sein eigenes Gewicht reißt!

Unser dritter und härtester Gegner war die Äquatorsonne, die schon kurz nach dem nächtlichen Aufbruch über den Horizont kletterte und ihre heißen Strahlen als heimtückische Nadelstiche zu uns herunterschickte. Spärlichen Halbschatten gaben nur die seltenen Scalesiabäume. Links von unserem Pfad zog sich ein vegetationsloser Lavastrom hinauf zum Alcedogipfel. Der Pfad führte dicht an einem bis zu acht Meter tiefen Grabenbruch entlang, der von starken Regengüssen ausgespült zu sein schien. Es sind Wildesel, die hier Pfade austreten und markieren, sehr scheue Wildesel im Gegensatz zu den anderen Galapagostieren.

Nach einer Stunde hatten wir erst 250 Höhenmeter erstiegen und nach zwei Stunden rasteten wir zum ersten Mal in genau 400 m Höhe im mageren Schatten eines Scalesiabaumes. Bei jedem Schluck Tee bekamen wir ein schlechtes Gewissen; war der Schluck nicht zu groß? Würden Wasser und Tee für die nächsten Tage reichen? Bei dieser Hitze!? Von der tatsächlichen Entfernung und Höhe her gesehen hatten wir am ersten Rastplatz bereits ein gutes Drittel hinter uns gebracht. Immer wieder Spinnennetze, die jetzt im schweißnassen Gesicht noch unangenehmer wurden als vor Sonnenaufgang. Um halb neun erreichten wir in 550 m Höhe einen sehr schönen schattenspendenden Baum. Steve nannte ihn Bag-Bag.

Bag-Bag besteht aus mindestens zehn Stämmen und das 8 m hohe Blätterdach hat einen Durchmesser von ca. 12 m. Ein guter Platz auch für ein Nachtlager, unbezahlbar der Schatten bei diesem mörderischen Aufstieg. Hier genossen wir unser zweites Frühstück und gönnten uns wieder einen Schluck Tee. Mein Thermometer zeigte trotz leichten Seewindes 25° im Schatten und 38° in der Sonne. Der Kraterrand sah von hier sehr flach und technisch leicht zu erklettern aus, aber die Wasserlosigkeit auf dem gesamten Weg und die rasch steigende Hitze verjagten jeden Optimismus. An unserem herrlichen Rastplatz – nur ein wenig Schatten erschien uns das größte Glück auf dieser Erde überhaupt zu sein – umsummten uns zahllose Bienen, Spottdrosseln schimpften aus dem Grün des Baumes über uns Fremdlinge, und Finken begleiteten uns seit dem frühen Aufbruch vom Strand her. Die Spinnennetze nahmen kein Ende.

Im Gras beobachtete ich grüne Grashüpfer, die mindestens 5 cm oder länger waren und die mit solcher Kraft gegen die Spinnennetze sprangen, daß sie die tückischen Hindernisse einfach durchschlugen! Weiter durch die Sonnenglut! Um halb zehn legten wir eine dritte kurze Rast im Schatten eines alleinstehenden Baumes ein, mein Höhenmesser zeigte 640 m an. Dutzende von Finken schimpften über unser Ankommen. Die Sonne brannte jetzt bereits erbarmungslos aus dem Zenit, der Weg hatte sich im unübersichtlichen Buschwerk verloren, der Schweiß rann uns pausenlos in die Augen und die Feldflaschen waren bereits leer. Um halb zwölf erreichten wir in 820 m Höhe das Ende des flach um den Vulkan laufenden Grüngürtels. Jetzt lag die letzte Steilstufe von knapp 300 m noch vor bzw. über uns. Das Gras war hier gut hüfthoch und am Boden so verschlungen, daß wir stolperten und über jeden Meter froh waren, den wir uns weitergequält hatten. Steve wußte längst, daß wir den eigentlichen Pfad verloren hatten. Die Vegetation war üppiger und undurchdringlicher als in all den Vorjahren, in denen Steve regelmäßig zum Alcedo hinaufführte. Ab und zu fanden wir kaum sichtbare Wegmarkierungen von Vorgängern; kleine Stofffetzen an Ästen festgebunden. Ganz in unserer Nähe hörten wir immer wieder heisere und fast verzweifelte Schreie von wilden Eseln und Steve meinte lakonisch, daß ein Tier solche Schreie nur ausstößt, wenn es sich in einem sexuellen Notstand befindet. Sobald uns die Esel witterten, galoppierten sie mit dröhnenden Hufschlägen davon. Von der Küste hatte es ausgesehen, als wenn wir die letzten 200 m leicht und problemlos über kahle Felsen steigen könnten. Das war eine Täuschung.

Die Sonne stand jetzt am wolkenlosen Himmel senkrecht über uns und ihre brennenden Strahlen schlugen wie ein Hammer auf den Amboß Alcedo. Dazwischen bewegten wir uns fluchend, von Dornen zerkratzt und von Spinnenseide verklebt, sehr langsam mit unseren drückenden Wasserlasten Meter um Meter höher hinauf. Der Krateraufbau war mit dichtem Gebüsch, Farnkraut und borstigen heidekrautähnlichen Gewächsen überwuchert, der Boden war nie zu sehen, nur zu ertasten.

Und dort am Boden lauerten unzählige tückische Fußangeln! Wenn sich doch eine kleine Wolke vor die Sonne schieben würde, nur für wenige Minuten! Und ganz plötzlich tauchten sie auf, von allen Seiten, dunkle, regenschwere Wolken! Nur vor die Sonne schoben sie sich nicht, die brannte weiter erbarmungslos genau auf unsere letzten hundert Klettermeter, obwohl das Land um uns herum bereits im Schatten lag. In der Hitze kletterten wir nur 20 bis 30 Minuten. Dann mußten wir mit den Lasten eine Pause einlegen. Wenige Meter vom Ziel, dem Kraterrand, entfernt, geschah ein kleines Wunder; während uns die Sonnenstrahlen noch voll trafen und peinigten, ging ohne jede Vorankündigung ein erfrischender und wohltuender Regenschauer auf uns nieder und brachte neue Kraft.

Renate kauerte sich nieder und blickte Steve fragend an; wie lange dauert die Schinderei noch, wie weit ist es noch bis zum Kraterrand? Steve und ich kletterten alleine weiter und erreichten schon 15 Minuten später den Kraterrand, wir fanden eine Grasmulde zwischen Buschwerk, die uns für ein Lager geeignet schien. Ohne Last turnte ich zu Renate hinunter und half ihr, den Rucksack über die letzten Felsen und durch das urwaldartige Gestrüpp zu tragen. Der Regenschauer war vorbei, jetzt endlich hatten wir Schatten, eine dicke, fast drohend aussehende Wolke hatte sich plötzlich vor die Sonne geschoben. Wir waren geschafft und doch zufrieden, denn wir hatten mindestens noch 30 Liter Wasser, das war ausreichend für drei bis vier Tage, auch wenn die Sonne heiß wie beim Aufstieg brennen würde. Während wir die Wasservorräte prüften und nebeneinander stellten, quollen feuchte, undurchsichtige Nebelschwaden aus dem Alcedokrater, es wurde ungemütlich und rasch dunkel. Schnell bauten wir zwei Zelte auf und schon schlugen dicke Tropfen auf die Leinwand! Regen im Alcedokrater, das ging doch nicht mit rechten Dingen zu. Da hatten wir uns bis zum Letzten verausgabt, waren in der Glut des Aufstieges mit jedem Schluck Flüssigkeit geizig gewesen, und jetzt standen unsere Kanister und Flaschen in

1050 m* Höhe am Ziel im Regen! Mein erster Gedanke im Zelt war: Wir brauchen mehr Wasser, laß' es uns festhalten. Rasch hatten wir unsere Wetterkleidung aus dem Rucksack gekramt, Anoraks und lange Hosen, und eilten nach draußen. Die Sicht betrug keine 10 m, es regnete jetzt wie aus einer Gießkanne, so daß wir in wenigen Minuten zusätzliche zehn Liter Wasser vom Zeltdach in einen Wassersack leiten konnten. Aber diese wenigen Minuten hatten ausgereicht, um uns trotz der Jacken bis auf die Haut zu durchnässen. Also runter mit dem nassen Zeug, rein damit ins Zelt! Gute zehn Stunden waren wir durch Hitze und Dornen mit schweren Wasserlasten hierher gestiegen, um Riesenschildkröten im sonnendurchfluteten wasserlosen Alcedokrater zu beobachten und zu fotografieren – und jetzt am Ziel standen Renate und ich splitternackt mit einer blauen Plastikplane in den Händen im Regen und fingen Liter um Liter auf. In wenigen Minuten verwandelte sich unser Camp in eine gutgefüllte Lagune, und wie zum Hohn glotzte uns die erste Riesenschildkröte aus einem nahen Wasserloch verwundert an. „Was wollen diese nackten Menschen hier oben in meinem Krater", mag sie gegrübelt haben, dann zog sie zischend ihren urweltartigen Kopf zurück unter den regendichten Panzer. Wir krochen ins Zelt und ärgerten uns über nasse Socken, Schuhe, Hosen und Jacken, die da neben den Rucksäcken lagen.

* Da es in der Galapagos-Literatur meines Wissens nach keine detaillierte Beschreibung der Aufstiegsroute zum Alcedo gibt, habe ich meinen Bericht bewußt mit Zeit- und Höhenangaben versehen. Nicht berücksichtigt habe ich dabei den rasch sinkenden Luftdruck, denn der Regen dauerte 40 Stunden ohne Unterbrechung. Dadurch sind Abweichungen der Höhenangaben während des Aufstieges bis zu 20 m denkbar.

Galapagos – Werden und Sein

Da hockten wir also in unserem winzigen Zelt, kochten Wasser für unsere Freeze-dried-Nahrung*, lauschten dem wolkenbruchartigen Regen, der vierzig Stunden dauern sollte, und hörten ab und zu die Flüche von Steve, der in einer noch viel kleineren Behausung Schutz vor dem ungewöhnlichen Wetter suchte und außer einigen Nüssen, Keksen, einer Dose Marmelade und einigen Obstkonserven kaum eigene Nahrung mitgebracht hatte. So spärlich wie sein Alcedo-Proviant war auch seine Kleidung; Shorts und ein T-Shirt, Turnschuhe und eine Jacke!

„Steve, komm' zum Dinner" brüllte ich gegen das Trommelfeuer der schweren Regentropfen und hörte die knappe Antwort: „Ok, fine!" Mit der Bemerkung: „Shit, dieser Regen ist völlig ungewöhnlich", setzte sich Steve vor unser Zelt auf einen Stein, denn drinnen bei uns war unmöglich Platz für drei Personen, und lobte unser freeze dried über alle Maßen: „Nie hab' ich hier so gut gefuttert!" Dabei lief ihm das Wasser über sein braungebranntes Gesicht und in das Eßgeschirr.

Das Wetter war wirklich ungewöhnlich für Galapagos und die Antwort auf all den Regen hieß „El Nino"!

Zusammen mit Renate verbrachte ich im Jahr vor-

* Kompaktnahrung nach dem Verfahren der Gefriertrocknung und Haltbarmachung hergestellt. Extrem leicht durch Wasserentzug.

her eine Woche auf den Galapagosinseln. Dabei sahen wir keine einzige Wolke und waren uns einig, daß Mai und Juni die schönsten Monate für diesen Archipel sind. Damals lernten wir auch die Bootseigner Gil und Anita de Roy kennen und charterten beide samt Inti für einen ganzen Monat in diesem Sommer. Gil ist der Bruder von Tui de Roy-Moore, die durch ihre großartigen Fotopublikationen und ihre Arbeiten für National Geographic weltberühmt geworden ist. So reisten wir Ende April 1983 mit der columbianischen Fluglinie AVIANCA von Frankfurt aus nach Bogota, um dort das eindrucksvolle Goldmuseum, mit 29000 antiken Schmuck-, Gebrauchs- und Kultgegenständen aus indianischer Zeit das größte und schönste Museum dieser Art überhaupt, anzusehen. Einen Tag später landeten wir mit der AVIANCA in Quito, der Hauptstadt Ecuadors, und wollten eigentlich von hier aus mit der Andenschmalspurbahn über Riobamba nach Guayaquil weiterfahren. Diese abenteuerliche Strecke über Schluchten und an schneebedeckten Vulkanen vorbei hinunter in den Urwald gehört zu den schönsten und eindrucksvollsten Bahnfahrten der Welt. Aber schon in Quito, im Nobelhotel Colon, hörten wir, daß die Bahnlinie durch unvorstellbare Regenfälle und Erdrutsche zerstört sei. „El Nino trägt die Schuld an der Katastrophe", hörten wir immer wieder.

So flogen wir in einer guten halben Stunde – mit der Bahn hätten wir zwei Tage gebraucht – aus der herrlich frischen Bergluft Quitos hinunter in das drückendheiße Guayaquil; keine schöne, aber eine hochinteressante Stadt mit einem halboffiziellen Schmugglermarkt, mit deprimierenden Slums, bedauernswerten Prostituierten in barackenähnlichen Quartieren, mit einer beängstigend steigenden Kriminalität, die nur noch in Bogota übertroffen wird, und dem modernsten und saubersten Überseehafen Südamerikas.

Niemand weiß, wie man die sich pestartig ausdehnenden Slums mit ihrer zunehmenden Kriminalität unter Kontrolle bekommen kann. Die Slums entstehen und wachsen hier wie in allen südamerikanischen Großstädten: Da gibt es viel Land, von dem kein Mensch genau weiß, wem es eigentlich gehört. Da sind keine Straßen und Wege, da ist kein Wasser und kein Kanal. Über Nacht kommt irgend jemand und baut sich dort ein Haus aus mitgebrachtem Bambus und hofft, in der großen Stadt Arbeit, Geld und Glück zu finden. Der Fremde steckt sich ein Grundstück ab und behauptet – vielleicht glaubt er es auch –: „Das gehört jetzt mir!"

Niemand kann ihn vertreiben, weil niemand zuständig ist und weil niemand weiß, wem dieses Land tatsächlich gehört. So kommen neue Leute, meist aus der Provinz und aus dem Urwald, angelockt von der gaukelnden Konsumwerbung und vom falschen Lichterglanz aller Großstädte. Arbeit finden aber nur Facharbeiter und Spezialisten, nie die gestrauchelten Glückssucher ohne Schul- und Berufsausbildung. Sie alle werden in den Slums zu einem hoffnungslosen Dasein in Armut und Schmutz verdammt und geraten oft aus reiner Verzweiflung und Enttäuschung in die Kriminalität. Etwas leichter haben es die Frauen, die auch Jobs ohne Ausbildung als Dienstmädchen und Putzfrauen finden. Oder sie enden in der Prostitution. Noch viel schlimmer sind die Kinder dran, die hier in den Slums ohne jede Zukunftschance aufwachsen und gar keine Beziehung mehr zur gesunden und sicheren Landwirtschaft ihrer

Eltern finden. Nur fünf Prozent aller Kinder von Ecuador besuchen eine Schule.
Es gibt zwar in Guayaquil etwa 1000 Polizisten, die für Ordnung und Sicherheit sorgen sollen und theoretisch auch zumindest gegen die Jugendkriminalität einschreiten könnten. Ihnen stehen für ihre hoffnungslose Aufgabe aber nur sieben oder acht Dienstfahrzeuge zur Verfügung.
Mitten in der Millionenstadt Guayaquil, zwischen Hochhäusern, Autohupen, Bettlern und geschäftigen Indios gibt es eine wahre kleine Oase der Ruhe und Erholung: das Grandhotel Guayaquil mit seiner gemütlichen Atmosphäre. Da findet der Besucher unerwartet einen zauberhaften, blühenden Innenhof mit einem kleinen Schwimmbecken, in das ein künstlicher Wasserfall munter herunterplätschert. Pool und Atrium grenzen direkt an die Altarseite der großen neugotischen Kathedrale von Guayaquil. Die hohen Kirchenmauern, das Schwimmbecken und die vielen tropischen Pflanzen und Blüten sorgen in diesem Hotelatrium für Frische und spenden den so dringend notwendigen Schatten. Das Hotel hat 190 Zimmer und ebenso viele Bedienstete. Hier im Grandhotel Guayaquil blieben wir einige Tage und brachen dann mit unserem Expeditionsgepäck auf nach Galapagos.

Eigentlich braucht man für eine Galapagosreise herzlich wenig; Shorts, Badehose, Galapagos-T-Shirt und Sonnenhut gibt es notfalls noch unmittelbar vor dem Abflug nach Baltra im Flughafen von Guayaquil, und alles andere ist fast schon überflüssig. Zur Ausrüstung sollten dann nur noch Kamera, ein Fernglas für die Tierbeobachtung und viele, viele Farbfilme gehören. Wir allerdings schleppten zwei prallgefüllte Seesäcke und eine

Seite 25: Die Bevölkerung von Galapagos (ca. 6000 Einwohner) – die Menschen nennen sich Galapagenos – setzt sich aus Nachkommen von Piraten, Strafgefangenen und Abenteurern sowie Siedlern aus Südamerika, dem Karibikraum und aus aller Welt zusammen. Auffällig und beeindruckend bei allen Galapagosbewohnern sind die natürliche Fröhlichkeit und die Liebe zum einfachen Leben, in dem sich ein ungebrochener Pioniergeist spiegelt.

Seiten 26/27: Abend im kleinen Hafen von Puerto Baquarezo Moreno auf der Insel San Cristòbal, dem offiziellen Haupt- und Verwaltungsort der Galapagosinseln. San Cristòbal liegt ganz im Südosten von Galapagos, weit ab vom Flugplatz Baltra. So ist inoffizieller Hauptort eigentlich Puerto Ayora genau im Herzen des Archipels. San Cristòbal, eine alte Sträflingsinsel, ist für Tierbeobachtungen weniger interessant und wird bei „normalen" Kreuzfahrten nur selten angelaufen, es sei denn, zum Frischwasser- und Dieselölauftanken.

Seiten 28/29: Abend an der Hafenmole von Puerto Ayora. Hier trifft man sich, hier ist immer etwas los, hier sucht man sich einen Bootslift zur Gringoseite, die im Bildhintergrund mit den Kandelaberkakteen auf dem hohen Lavaufer deutlich erkennbar ist.

TURISMO Y COMERCIAL
HERMINIA
Z-00214

Restaurant LAS NINFAS
BIENVENIDO A GALAPAGOS
PARQUE NACIONAL DEL ECUADOR
HERTZLICH WILLKOMMEN
BIENVENUE
WELCOME
PILSENER
el "SECRETO" del sabor
CLUB
COMPAÑIA DE CERVEZAS NACIONALES C. A.

Das eigentliche Kommunikationszentrum von Puerto Ayora und ganz Galapagos ist die Hafenbar Las Ninfas, selbst im stärksten El-Nino-Regen (links) hocken hier immer interessante Menschen, schwatzen, lachen, baden im Hafenwasser, verchartern Rundfahrten oder handeln Geheimtips für ganz Südamerika. Ob im Regen oder in der Morgensonne (rechts), die Atmosphäre in und vor der Bar, wo man Fischer, Kapitäne, Wissenschaftler, Gringos, Touristen, Rucksackglobetrotter, Seeräuber, Weltumsegler oder Philosophen treffen kann, ist dort immer besonders „hertzlich“.

Seit 1961 unterhält die internationale Organisation Charles-Darwin-Foundation auf Santa Cruz eine Forschungsstation, die neben wissenschaftlichen Arbeiten besonders aktiv den Naturschutz auf Galapagos vorantreibt. Die Station, 2 km außerhalb von Puerto Ayora, liegt in einem parkähnlichen Gelände, in dem es das ganze Jahr hindurch nach Frühling aussieht. Da leuchten neben den Labors, Unterrichtsräumen, Tiergehegen und Büros unzählige Blüten, da schimpfen Darwinfinken um die Wette und da lieben sich riesige Grashüpfer in den Zweigen. Optischer Mittelpunkt für den Besucher ist das große Schildkrötengehege, in dem Jungtiere künstlich ausgebrütet und großgezogen werden.

Seite 34: In der Academy Bay von Santa Cruz liegen zwischen schwarzen und rostbraunen Lavawellen, umgeben von saftiggrünen Baumopuntien und Kandelaberkakteen, die schönen Holz- und Steinhäuser der Gringos. Hier ein sauberes Wohnhaus der deutschen Siedlerfamilie Sievers. Rechts Karl Angermeyer aus Hamburg in seinem Haus Kap Angermeyer beim Erzählen seiner Robinsonade. Unten Frau Sievers aus Neumünster, die das schönste Hotel mit einem blendend weißen Traumstrand auf Santa Cruz unterhält und führt.

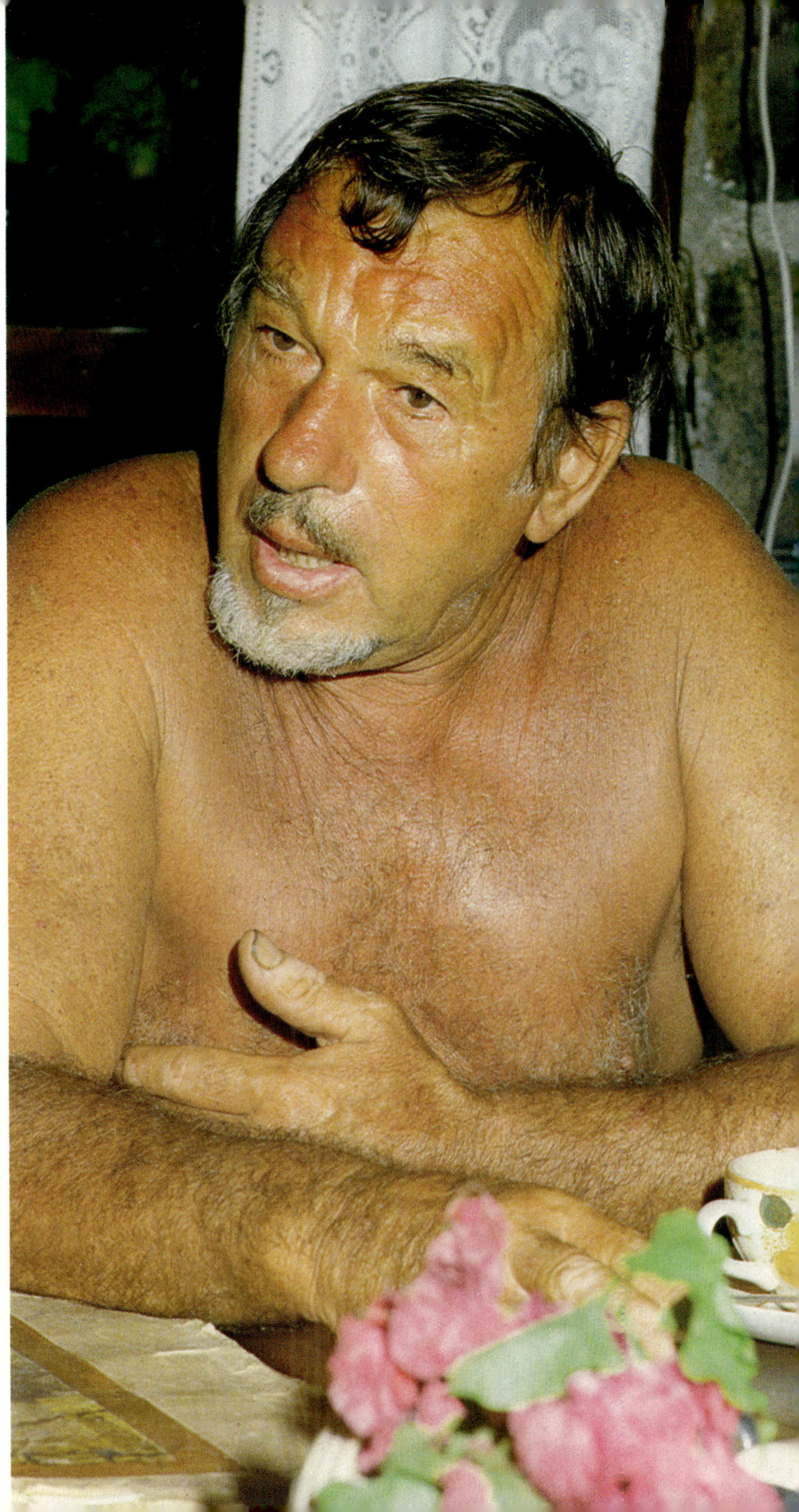

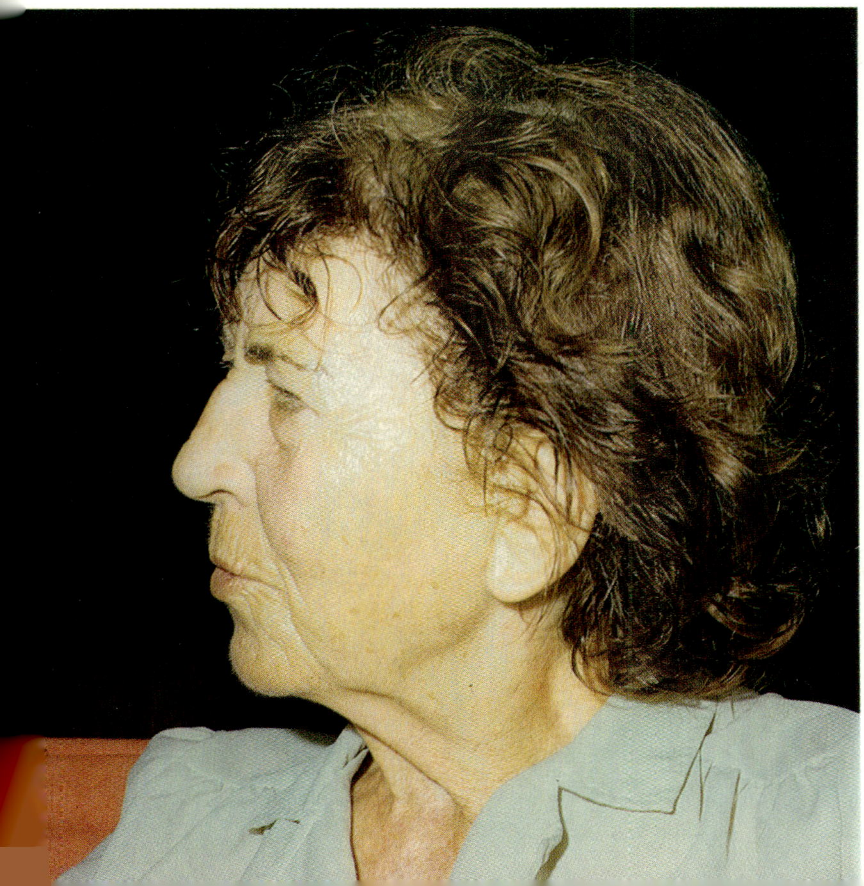

MINI-SUPER MERCADO
EL ECONOMICO
FRUIT AND VEGETABLES

Seite 36: Ein typischer Mini-Super-Mercado, bei dem das Wort Super wohl ein wenig hochgestapelt ist, denn wesentlich mehr als auf dem Bild zu sehen, gibt es in dem Supermarkt nicht. Melonen, Kürbisse, Gurken und Salatköpfe sind Produkte der Inselfarmen und -gärten. Dazu kommt gutes Rindfleisch, frischer Fisch, Kartoffeln und Brot. Genug also für ein tägliches genügsames Leben. Andere Leckerbissen wie spezielle Gemüsearten, Eier, Nudeln, Reis, Mehl und Konserven aller Art müssen vom 1000 km entfernten Festland mit dem Versorgungsschiff aus Guayaquil eingeführt werden und sind entsprechend teuer und selten, wie auch alle technischen Geräte wie Kühltruhen, Gasherde oder gar Unterhaltungselektronik. Lebenswichtig und ebenfalls teuer und rar sind Dinge wie Nägel, Werkzeuge, Baumaterial, Bootsmotoren und Ersatzteile oder Arzneimittel. Engpässe bei allen Versorgungsgütern sind auf den Galapagosinseln normal und häufig.

Expeditionskiste, alles zusammen etwa 80 kg schwer, mit zur „Arche Noah im Pazifik". Wir hatten vor, einen Monat lang auf dem gecharterten Boot zu bleiben und Foto- sowie Tonaufnahmen zu erstellen. Alleine für die Alcedobesteigung brauchten wir unsere Zelt- und Kochausrüstung, Trockennahrung, Wasserbehälter, Traggestellrucksäcke und viele Kleinigkeiten wie Taschenlampen, Apotheke, Regenschutz usw.

Kurz vor unserem Abflug aus Deutschland hatten wir Gil ein Telegramm mit unserem Ankunftstermin geschickt. Dabei stellten wir etwas verblüfft fest, daß weder Galapagos, noch die Insel Santa Cruz oder gar die Siedlung Puerto Ayora im Telegrammverzeichnis der Post stehen. Deshalb gibt es zunächst einmal Rückfragen, zumal die Bewohner von Puerto Ayora keine Straßen- oder Hausanschriften haben. Nachdem wir der Post sagten, daß Puerto Ayora auf der Insel Santa Cruz liege und diese zu Ecuador gehöre und Gil de Roy das Telegramm sicher bekommen werde, sobald es auf den Galapagosinseln eintreffen würde, schickte die Deutsche Post unsere Botschaft über eine sogenannte Standverbindung in die USA. Von dort wird der Text zunächst in die Hauptstadt Quito gekabelt und dann per Funk weiter auf die Insel Santa Cruz. Haustelefone gibt es in Puerto Ayora noch nicht, aber täglich kommt irgendeiner von Gils vielen Freunden und Bekannten beim örtlichen Postamt vorbei. Die wissen auch alle, wo Gil sich gerade befindet, und so erreichen Briefe und Telegramme die Galapagosbewohner relativ rasch und sicher. Unser Telegramm war schon nach einer Woche in Gils Händen.

Die Galapagosinseln bestehen aus dreizehn größeren Inseln, von denen fünf bewohnt sind (ca. 6000 Bewohner), und siebzehn Inselchen. Dazu kommen 47 alleinstehende Felsen. Der Archipel umfaßt 8000 m^2 Landfläche und liegt 1000 km westlich vom ecuadorianischen Festland direkt am Äquator.

Vor einigen Millionen Jahren gab es noch keine Galapagosinseln. Aber plötzlich begann das Meer an jener Stelle zu kochen, und glühendes Magma schoß aus den Fluten des Pazifik, erkaltete und wurde bald zu einzelnen Inseln, aus denen neue Vulkane wuchsen und heute noch wachsen, so wie es Tui de Roy Moore auf der Seite 2 fotografiert und erlebt hat. Tote Lavaströme wechselten mit fruchtbarer Asche, die Galapagosinseln waren aus dem Meer geboren. Jahrtausende mögen vergangen sein, bis erste Besiedler ihren Weg nach Galapagos fanden: Samen und Keime von genügsamen Gräsern, Algen und Flechten. Diesen niederen Pflanzen folgten – vielleicht wieder erst nach Jahrtausenden – Insekten und Vogelarten. Die ersten Echsen und andere Landtiere sind sicher auf „eigenen Flößen" aus Grassoden oder Baumstämmen in wochen- oder monatelangen Fahrten vom Festland Südamerikas herübergeschippert. So lange und auch für die Tiere unvorstellbar schwere Fahrten überlebten nur besonders widerstandsfähige Arten, so daß praktisch eine besondere Auslese den neuen Archipel besiedelte. Ähnlich war das mit antarktischen Tieren wie Seehunden, Pelzrobben und Pinguinen, die sich mit dem kalten Humboldtstrom aus ihrer polaren Heimat hierher an den Äquator verirrten. Alle Tiere und Pflanzen fanden auf den neugeborenen Inseln völlig andere Lebensbedingungen als in ihren Heimat- und Ursprungsländern vor. Deshalb überlebten wiederum nur die kräftigsten und anspruchslosesten Arten – indem sie sich ihrem neuen Lebensraum langsam und über Generationen anpaßten. Und genau darin liegt das wundersame Phänomen Galapagos und die revolutionäre Erkenntnis von Charles Darwin, der bei seiner Erkundung verblüfft feststellte:

„Wir scheinen hier jener großen Tatsache, jenem Geheimnis aller Geheimnisse, dem ersten Erscheinen neuer lebender Wesen auf der Erde nähergebracht zu werden."

Diese Tagebuchaufzeichnungen vom 8. Oktober 1835 waren so sensationell, weil sie zum ersten Mal wagten, die biblische Schöpfungsgeschichte anzuzweifeln und durch wissenschaftliche Beobachtungen zu ersetzen.

Ein weiteres einmaliges Phänomen hebt die Galapagosinseln hervor: Überall auf unserer Erde wurden und werden Tiere gejagt, das begann in grauer Vorzeit durch Faustkeile, Steinschleudern, Pfeile und Bogen und Speere der nahrungsuchenden Menschen. Aus prähistorischer Zeit sind uns beispielsweise durch guterhaltene Felsbilder aus fast allen Teilen der Welt Jagdszenen bekannt, heute wird dieses Jagen und Töten mit modernsten Methoden wie Fangnetze und Feuerwaffen fortgesetzt. Das Tier hatte gegen die geistige und technische Überlegenheit des Menschen nie eine reelle Überlebenschance und war deshalb immer auf der Flucht. Dadurch hat sich – wiederum über Jahrtausende hinweg – bei fast allen Arten ein Fluchtinstinkt gebildet, der mehr oder minder ausgeprägt ist. Fast alle Tiere achten auf ihre sichere Fluchtdistanz zum Menschen hin. Das gilt für Hasen und Rehe in unseren Breiten genauso wie für die Wildtiere Ostafrikas oder die Seelöwen in arktischen Gewässern. Nur auf den Galapagosinseln – und an

Die Galapagosinseln

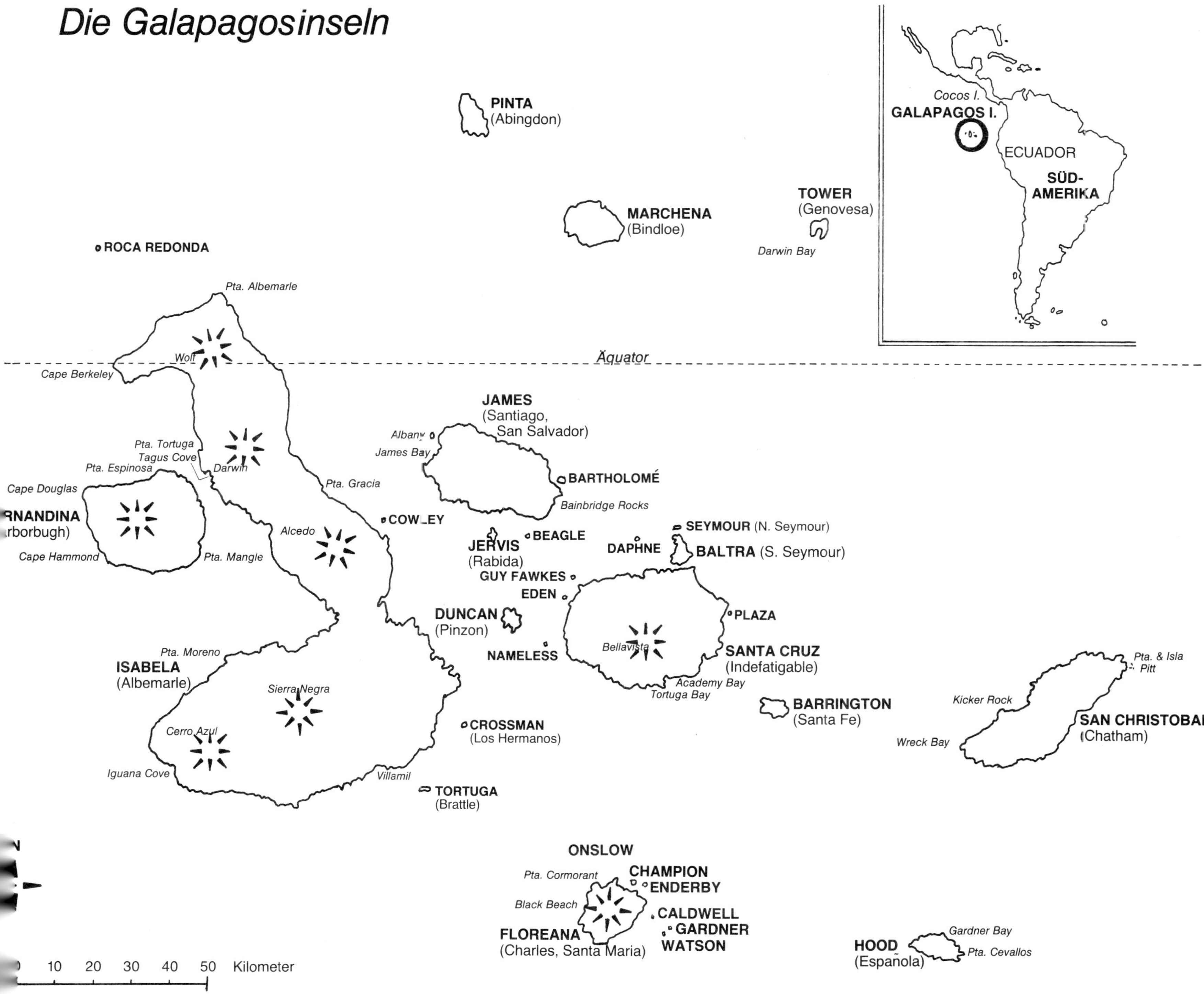

ganz wenigen anderen Plätzen der Welt – gibt es diesen Fluchtinstinkt nicht. Hier hat ein Urvertrauen aller Tiere zu Nachbarn und zum Menschen überlebt, ein Urvertrauen, das uns auf Galapagos nur zu natürlich und paradiesisch schön erscheint!

Niemand weiß genau, wer der erste Mensch auf den Galapagosinseln gewesen ist. Da berichten Legenden von dem Inkakönig Tupac Yupanqui, der im 14. Jahrhundert nach einer neunmonatigen Seereise angeblich von einer „Insel des Feuers" nach Guayaquil zurückkehrte. Vielleicht hatte er tatsächlich die Galapagosinseln gesehen oder war sogar auf ihnen. Da er aber schwarze Menschen sowie Gold und Silber von seiner Entdeckungsfahrt heimbrachte, muß er auch andere Ziele angesteuert haben.

Zuverlässig wissen wir dagegen, daß der spanische Bischof Tomás de Berlanga im Jahr 1535 zufällig den fremden Archipel fand und betrat. De Berlanga segelte im Auftrag von Kaiser Karl V. von Panama nach Peru, als plötzlich der Wind ausblieb und das Schiff des Bischofs ohne Navigation im Pazifik trieb. Nach wochenlanger Irrfahrt tauchten die Galapagosinseln, in geheimnisvolle Nebel gehüllt, am Horizont auf, sie waren in den Seekarten noch nicht verzeichnet. Tomás de Berlanga war von der Vulkansilhouette, von den Lavaströmen und schwarzen Aschenstränden sowie von den seltenen Tieren tief beeindruckt und gab den neuentdeckten Inseln den Namen Islas Encantadas, zu deutsch „Die verwunschenen Inseln". In seinem ausführlichen Reisebericht an Kaiser Karl V. von Spanien schrieb er unter anderem: „Ich glaube nicht, daß es hier einen Platz gibt, wo man auch nur ein Büschel Korn säen könnte, weil alles so voller großer Steine ist, derart, daß es scheint, als ob Gott zu irgendeiner Zeit Steine habe regnen lassen; und die Erde ist wie lauter Schlacke, wertlos, weil sie nicht die Kraft hat, auch nur ein bißchen Gras hervorzubringen!"

Dieser Bericht klang nicht sehr verheißungsvoll und für Galapagos wenig werbend. So blieben „Die verwunschenen Inseln" über Jahrhunderte ein sicheres Versteck für Seeräuber und Piraten, die in den Buchten und zwischen den Inseln ihre Beute ungestört teilen und Schiffe reparieren konnten. Die Piraten lebten in diesem Versteck recht gut von den zahllosen schmackhaften Riesenschildkröten.

Erst 1684 wurden von dem Engländer Amdrose Cowley die ersten Karten der Galapagosinseln gezeichnet. Cowley benannte die einzelnen Inseln nach britischen Königen, Aristokraten, Admirälen und Piraten. Diese Namen werden noch heute neben den spanischen Namen geführt. So ist der englische Name für die Insel Santa Cruz beispielsweise Indefatigable, Isabela ist gleich Albemarle oder Hood gleich Espanola.

Am Ende des 17. Jahrhunderts begannen Seeleute vieler Nationen mit ihrer Jagd nach Robben und Riesenschildkröten. Die Robben brachten wertvolle und gut verkäufliche Felle, die Riesenschildkröten dagegen Frischfleisch für die Schiffsbesatzungen. Da diese Tiere monatelang ohne Wasser und Proviant überleben können, „wanderten" sie lebend in die Vorratskammern der Schiffe. An der Westseite der Insel Isabela, in Tagus Cove, zeugen noch heute Felsinschriften von dieser abenteuerlichen Zeit. Die Ausrottung der Galapagostiere nahm solche Ausmaße an, daß man alleine die Zahl der in den folgenden zwei Jahrhunderten getöteten

Schildkröten auf mehr als zweihunderttausend schätzt! Schnell sprach sich ein anderer Reichtum der Galapagosinseln herum: Durch den kalten Humboldtstrom wurden nicht nur Pinguine und Seelöwen an den Äquator getrieben, sondern auch Wale. Anfang des 19. Jahrhunderts rückten also die Walfänger an. In den Archiven der amerikanischen Handelsmarine finden wir Berichte, nach denen alleine 13 000 Wale innerhalb weniger Jahre in den seichten Gewässern von Galapagos den Tod fanden.

1832 schickte Ecuador eine militärische Expedition unter der Leitung von Oberst Ignacio Hermández auf die Insel Floreana und ergriff so offiziell Besitz von den Galapagosinseln. Der Oberst gab dem Archipel den Namen Archipiélago del Ecuador und alle Inseln bekamen jetzt spanische Bezeichnungen.

60 Jahre später wurde der Archipel umgenannt in Archipiélago del Colón. Dieser Name gilt bis heute offiziell, setzt sich aber weltweit nicht durch. Jeder Mensch kennt diesen Archipel unter dem inoffiziellen Namen Galapagosinseln. Haupt- und Verwaltungsort wurde und ist Puerto Baquarezo Moreno auf der Insel San Cristòbal. Die trostlosen Inseln, teilweise mit ausgesprochenem Wüstencharakter, wurden für ihre frühen oder späteren Entdecker und Siedler fast zu einer Weltanschauung. So schrieb Herman Melville, der weltberühmte Autor von „Moby Dick“ nach seinem ersten Eindruck: „Wer sich von den Encantadas, den Verzauberten Inseln, eine Vorstellung machen will, der denke sich irgendwo außerhalb der Stadt einen freien Platz mit fünfundzwanzig hier und da verstreuten, hoch aufgetürmten Schlackenhaufen, und den Raum dazwischen als Meer. Dieses Bild entspricht genau der Wirklichkeit: eine Gruppe von erloschenen Vulkanen eher als von Inseln, bieten sie etwa den gleichen Anblick dar, wie ihn die Welt nach einem göttlichen Strafgericht in Gestalt eines Feuerregens vermutlich im Großen darbieten würde.

Es ist kaum anzunehmen, daß es irgendwo auf der Erde einen Fleck gibt, der sich an Trostlosigkeit mit dieser Inselgruppe vergleichen ließe. Friedhöfe, um die sich längst kein Mensch mehr kümmert, Städte, die man Haus für Haus verfallen sieht, sind gewiß voll tiefer Melancholie. Aber wie alles, das einmal zu der Welt der Lebenden Beziehung gehabt hat, rufen sie in uns zwar traurige Gedanken wach, erwecken aber auch unsere Teilnahme . . . Die großen Wälder des Nordens, die weiten Meeresflächen, in die nie ein Schiff gelangt, die Eisfelder Grönlands erscheinen dem menschlichen Betrachter als die furchtbarsten Einsamkeiten. Und doch: der Zauber der wechselnden Gezeiten, die steten Folgen von Sommer und Winter mildern ihren Schrecken. Denn wenn auch keines Menschen Fuß diese Wälder betritt, so besucht sie doch der Mai . . .

Der besondere Fluch aber – so darf man wohl sagen –, der auf den Encantadas lastet, der sie an Trostlosigkeit über das Tote Meer und den Pol hinaushebt, ist die Tatsache, daß sie keinen Wechsel kennen . . . Vom Äquator durchschnitten, wissen sie von keinem Herbst und von keinem Frühling. Und da sie bereits zu Schlacken ausgebrannt sind, kann keine Macht der Vernichtung ihnen eigentlich noch etwas anhaben. Wie aufgeplatzte syrische Flaschenkürbisse, die in der Sonne verdorren, hat immerwährende Trockenheit unter einem glühenden Himmel sie zerspalten und zerklüftet. ‚Er-

barme dich mein', scheint der Geist der Encantadas klagend zu rufen, ,und sende Lazarus, daß er das Äußere seines Fingers ins Wasser tauche und kühle meine Zunge, denn ich leide Pein in dieser Flamme.'"
Ganz anders reagierte dagegen Charles Darwin, als er am 15. September 1835 San Cristobal und damit seine erste Galapagosinsel sah und betrat: „Es gibt nichts Reizvolleres als den Anblick dieser Insel. Eine basalthaltige schwarze Gesteinsmasse mit einer extrem unebenen Oberfläche hie und da von enormen Rissen durchzogen."
Ähnlich schwärmend berichtete William Beebe 1924 in seinem weltberühmten Buch „Galapagos, das Ende der Welt" von den Naturwundern und Schönheiten und bewirkte damit eine erste Welle von Auswanderern, die sich jetzt als Gringos auf den verwunschenen Inseln niederlassen wollten. Von 22 wagemutigen Norwegern wanderten 18 allerdings schon nach wenigen Monaten wieder zurück zum Festland.
Zwölf von ihnen starben kurz darauf in Guayaquil. Trotzdem kamen über hundert neue Siedler zu den „reizvollen" oder „verwunschenen" Inseln. Sie scheiterten, nur drei Siedler blieben übrig. 1929 landete der erste deutsche Siedler, Dr. Ritter aus Berlin zusammen mit seiner Geliebten Dore Strauch, auf Galapagos und sorgte für Schlagzeilen in der Weltpresse; beide hatten sich vor der Ausreise alle Zähne ziehen lassen und benutzten abwechselnd ein und dasselbe Stahlgebiß. Dr. Ritter starb auf der Insel Floreana vermutlich an vergiftetem Hühnerfleisch.
Weitere Siedler folgten aus Ecuador und aus aller Welt, so auch aus Deutschland. Weltberühmt sind bis heute die Kölner Familie Wittmer und die Hamburger Angermeyers, die bereits in der dritten Generation auf Galapagos leben. Durch einen großaufgemachten Farbbericht der BUNTEN über das Abenteuerleben Karl Angermeyers wurden in der Nachkriegszeit erneut deutsche Aussiedler von den exotischen Galapagosinseln angezogen und fasziniert.
Während des Zweiten Weltkrieges bauten die Amerikaner einen Militärstützpunkt auf der unbewohnten und wasserlosen Insel Baltra, um von hier aus den Panamakanal zu kontrollieren. Diese Basis wurde dann später vom Militär in Ecuador übernommen und ausgebaut und stellt heute die einzige Landemöglichkeit für größere Flugzeuge und Jets dar. Deshalb kontrolliert das Militär bis heute alle Flüge nach Galapagos und bestimmt auch die sehr hohen Flugkosten von Guayaquil nach Baltra. Obwohl Baltra fast täglich angeflogen wird, ist es für Alleinreisende kompliziert und schwierig, ein Tikket und einen Platz auf einer Maschine zu erwischen. Um Tiere und Pflanzen auf den Galapagosinseln so weit wie möglich zu schützen, haben die ecuadorianischen Behörden die jährliche Besucherzahl limitiert und festgelegt. Die Plätze im Flugzeug werden den Reiseagenturen wie beispielsweise Metropolitan kontingentweise übergeben, so daß für Privatbesucher einfach keine oder nur wenige Plätze übrigbleiben. Der Tourist ist daher fast gezwungen, sich in den Reisebüros seines Heimatlandes oder spätestens in Guayaquil einer organisierten Gruppe anzuschließen. Wir hatten unsere beiden Tickets mitsamt dem Übergepäck ebenfalls über die ecuadorianische Reiseagentur Metropolitan* per Telex von Deutschland aus ge-

* Metropolitan wird in der BRD durch SAT (South America Tours), Frankfurt, vertreten.

bucht und die Flugscheine im Stadtbüro von Guayaquil in Empfang genommen.
Ein Taxi brachte uns in wenigen Minuten vom Grandhotel Guayaquil zum nahen Airport. Die Boeing der inländischen Fluglinie TAME, der einzigen Linie nach Galapagos, hatte 45 Minuten Verspätung, so daß wir noch einen Blick in die vielen Souvenirshops in der kleinen Abflughalle werfen konnten; da hingen stapelweise Sonnenhüte in allen möglichen und unmöglichen Farben, Formen und Größen. Unzählige T-Shirts mit aufgedruckten Galapagosmotiven, kitschigen und auch hübschen. Shorts, Badekleidung, Sonnenbrillen und ähnliche Utensilien erinnerten daran, daß es auf den Schildkröteninseln fast nie regnet, daß dort den Besucher eine erbarmungslose Äquatorsonne erwartet und neben eindrucksvollen Tierbeobachtungen auch mit Badevergnügen gerechnet werden kann. Neben solchen praktischen Dingen fanden wir auch sehr gute Galapagos-Postkarten und Poster, in fast allen Fällen von Tui de Roy-Moore fotografiert, und natürlich ihren großartigen Bildband Galapagos in deutscher, englischer, französischer oder spanischer Übersetzung. Sogar der empfehlenswerte deutsche Führer „Nationalpark Galapagos“ von Fritz Pölking* lag in den Regalen.

Dann folgten wir dem Aufruf der TAME nach Baltra; zwei Stunden dauert der Flug nach Westen über den blauen Pazifik , auf dem nur selten ein Schiff zu erkennen war. Leider sahen wir beim Landeanflug nichts von den Inseln, nur düstere Regenwolken vor, unter, neben und hinter dem Flugzeug. Bei sintflutartigem Tropenregen setzte die Maschine auf die betonierte Landebahn, nichts

* Kilda Verlag, D-4402 Greven.

Tropischer Regen empfängt uns in Puerto Ayora.

erinnerte mehr an Sonnenhüte und T-Shirts. Der Regen wurde so stark, daß wir zunächst nicht einmal das Flugzeug verlassen konnten. In der winzigen Abfertigungshalle warteten viele Passagiere auf die Maschine zurück nach Guayaquil, so war für die Neuankömmlinge überhaupt kein Platz unter dem schützenden Dach. Die Crew bat uns, im Flugzeug zu warten, aber der Regen ließ nicht nach. Fast entschuldigend zuckte der Kapitän mit den Schultern und brummte nur: „El Nino ist schuld an dieser Sauerei!“

EL NINO – das böse Kind

Auf der Flugpiste stand das Wasser gut fünf bis sechs Zentimeter hoch, nach allen Seiten flossen wahre Sturzbäche! Nach einer halbstündigen Wartezeit verließen wir trotz des Wolkenbruches das Flugzeug und fanden in der Wartehalle weder Platz noch Regenschutz. Aber da stand ein klapperiger Bus, der vermutlich in Richtung Santa Cruz, die Insel ist nur durch einen Kanal von Baltra getrennt, fahren würde. Renate ergatterte einen Sitzplatz und gab dem Fahrer zu verstehen, daß ich noch mit viel Gepäck folgen würde. Nach dreißig weiteren Minuten kamen unsere Seesäcke und die Kiste auf einem Rollwagen durch den Regen gefahren. Wir konnten die Lasten im Bus hinter der Rückbank verstauen, dann ratterte das alte Vehikel los. Eine halbe Stunde dauerte die Fahrt über Militärflugpisten und schmale Spurwege. Außer wenigen Kakteen und etwas Buschwerk sahen wir keine Vegetation und auch keine Tiere auf der Insel Baltra. Am Kanal wartete ein kleines Fährschiff auf die wenigen Passagiere, eine Viertelstunde später erreichten wir den Anlegeplatz auf der Insel Santa Cruz, dort standen zwei bedenklich kleine Busse. Unser Gepäck fand auf einem Dach Platz, Renate saß bereits ganz hinten auf der Rückbank zwischen einheimischen Passagieren eingekeilt, während ich den letzten Platz auf einem schmalen Holzbrett im Mittelgang einnehmen konnte. Die Straße war so miserabel, daß ich oft an unserem Durchkommen zweifelte. Viele zitronengelbe Falter schaukelten vor unserem Fahrzeug über den Weg, daneben unzählige Darwinfinken. Andere wilde Tiere sahen wir während der Fahrt nicht. Von der Landschaft war wenig zu erkennen, denn es regnete ohne Unterbrechung weiter. Im Hochland schaukelte unser Bus durch dichte dunkelgraue Wolkenbänke, vorbei an vereinzelten Viehkoppeln, auf denen Kühe und Pferde weideten, und kleinen Farmen. 40 km sind es bis zur anderen Inselseite, bis hinunter zur Bucht von Puerto Ayora. Wir brauchten fast zwei Stunden für diese Strecke und hörten, daß es durch den vielen Regen immer wieder Erdrutsche gegeben hatte, die den Weg oft ganz und gar unpassierbar werden ließen. Es gibt auf Santa Cruz nur diese eine Straße.

Der breite Platz vor dem Hafenbecken glich einem See, unser Bus schob eine richtige Bugwelle vor sich her. Und doch waren da Menschen unterwegs, ohne Schirm, ohne Regenkleidung, nur in Shorts und T-Shirts, braungebrannt und naß: Gil und Anita. Sie stoppten unseren Bus, erkannten uns freudig eingeklemmt in all die anderen Passagiere und wiesen den Fahrer an, direkt in einen kleinen Hotelhof hineinzufahren. Las Ninfas heißt das Hotel. Dort wartete ein bescheidenes, aber doch trockenes Zimmer auf uns. Völlig durchnäßt hockten wir da zwischen unseren triefenden Kisten und Säcken und waren glücklich, endlich am Ziel und dort gleich auf Gil und Anita gestoßen zu sein.

In Puerto Ayora kann man nicht Freunde besuchen wie sonst (fast) überall auf der Welt. Die einzige Straße endet am Hafen in einer Sackgasse. Da gibt es eine Kirche, eine Radiostation, den Marinestützpunkt, ein Postamt, ein halbes Dutzend Kneipen und Fischrestaurants, ebenso viele winzige Geschäfte, in denen man wenige Lebensmittel wie Obst und Gemüse und wunderbar frischen Fisch kaufen kann, und dazwischen armselige Häuser. In Puerto Ayora leben etwa 1500 Menschen. Einziger Treffpunkt aller Fremden und auch der Einheimischen ist die Hafenkneipe Ninfa-Bar direkt an der Mole, in der es gute Fischgerichte, Snacks oder nur kühles Bier gibt. Hier trifft man auch mehr oder minder zuverlässige Kapitäne, die ihre Schiffe für Inselrundfahrten anbieten, Führer der Darwin-Station und Reisende, die sich möglichst preisgünstig zu Gruppen und kleinen Fahrgemeinschaften zusammenschließen wollen. Die meisten europäischen und amerikanischen Siedler wohnen und leben jenseits des Hafenbeckens auf einer kleinen Lavahalbinsel mit herrlich weißem Sandstrand und haushohen Opuntiakakteen. Kein Weg führt dort hinüber, man sucht sich im Hafen irgendein Boot und fragt den Eigner nach einem „Lift". Dazu gehören Geduld und Glück, besonders bei nicht enden wollendem Regen!

Der Regen wurde auch zu unserem ausführlichen Gesprächsthema, denn ein Fotograf braucht Licht und Sonne, besonders wenn er wochenlang auf einem Segelschiff zwischen bunten Inseln mit noch bunteren Tieren unterwegs sein möchte. Gil konnte uns aber nur bestätigen, daß das Wetter hier auf den Galapagosinseln so wie in ganz Amerika seit Monaten verrückt spielte, ungewöhnlich verrückt!

„Schuld daran ist", so fuhr Gil trotzdem immer optimistisch lachend fort, „ein in diesem Jahr sehr böses Kind mit dem spanischen Namen El Nino. Gemeint ist damit eigentlich das Christkind, denn es kommt regelmäßig zur Weihnachtszeit an unsere Küsten! Die Sache ist im Grunde einfach und logisch: Im Westen von Südamerika liegt Australien. Dort steigt unter niedrigen Druckverhältnissen Luft in große Höhen und fließt regelmäßig im Winter nach Osten, um dann vor der Südamerikanischen Westküste bis auf Meereshöhe wieder abzusinken. Als Passatwind fließt die Luft dann zurück nach Westen und schiebt dabei das warme Oberflächenwasser vor sich her. Diese Wasserströmung nennen wir El Nino. Das fehlende Wasser wird von unten ersetzt, durch kaltes Tiefenwasser. Und genau das ist für Galapagos lebenswichtig, weil dieses Tiefenwasser sehr sauerstoffreich ist und voll mit Nährstoffen, die sich unten aus gesunkenem organischem Material gebildet haben. Aus diesen Nährstoffen, in Verbindung mit Sonnenlicht, bildet sich beispielsweise Plankton, von dem die Fische leben, und von den Fischen wiederum leben die meisten Seevögel hier.

Dieser Kreislauf der Winde kann sich mitunter umkehren, dann spielt der warme Wasserstrom, der El Nino, verrückt, fließt nicht nach Osten ab und es gibt kein kaltes Wasser von unten. Das ist eine Katastrophe für unsere Tierwelt und für das Wetter vor der gesamten südamerikanischen Küste! Regen, Stürme, Unwetter – das geht schon seit Monaten so! Vielleicht habt ihr gehört, daß unmittelbar nach eurem Start in Guayaquil ein Flugzeug im Unwetter auf die dortige Landebahn stürzte, daß der Regen die Eisenbahnlinie Riobamba–Guayaquil weggerissen hat, daß in Ecuador Schlammlawinen ganze Dörfer und Hunderte von Menschen begraben haben und daß halb Südamerika überschwemmt ist. Alles Folgen dieser Windumkehrung. Der Passat bleibt aus, das Wasser hier ist so warm wie nie zuvor, Tiere sterben oder wandern fort – und es regnet ohne Ende! Aber wir fahren trotzdem, in zwei Tagen ist unsere Inti startklar, solange brauche ich noch für Provianteinkäufe und kleine Reparaturen. Vielleicht wird es etwas besser, einige Sonnenstunden erwischen wir ganz bestimmt zwischen den Regengüssen!"

Gil de Roy ist Sohn einer belgischen Einwandererfamilie und wurde hier auf den Galapagosinseln geboren. Eine normale Schule hat er nie besucht, er wurde von seinen Eltern unterrichtet und vor allem von seiner Umwelt Galapagos. Im Laufe der nächsten Wochen staunten wir immer mehr über seinen naturwissenschaftlichen Instinkt, über sein umfangreiches Wissen auf allen möglichen Gebieten, über sein Sprachtalent, denn er spricht ohne Schulbildung fließend deutsch, spanisch, portugiesisch, englisch und französisch. Über Themen wie Geologie, Zoologie, Geographie, Biologie oder Umweltschutz wußte er mehr und spannender zu berichten als mancher Fachprofessor. Nicht anders sah es mit mathematischen, physikalischen, chemikalischen oder Navigationsproblemen aus, da kann Gil den meisten Schülern, die bei uns dreizehn Jahre lang die Schulbank gedrückt haben, noch etwas vormachen. Wenig oder gar nicht interessierte ihn eigentlich nur die Landes- oder Weltpolitik!

Das wahre Ausmaß der Wetterkatastrophe El Nino erfuhren wir erst nach unserem Galapagosabenteuer: Alleine in Guayaquil fielen im Juni 1983 16 cm Regen – normal ist nur 1 cm! In Australien brannte der Busch, in Amerika rasten Stürme über Städte und Landschaften und in Afrika verdurstete das Vieh. Die Zeitschrift GEO (Nr. 8/83) berich-

Gil de Roy.

tete ausführlich über das „Teufelskind El Nino" und schrieb beispielsweise von den Regenfällen in Peru: „Wenn größere Pfützen ausflossen, entfaltete das Wasser eine verheerende Kraft, immer mehr kleine Rinnsale vereinigten sich zu graugelben Schlammfluten, die alles niederwalzten und unterwühlten, was ihnen im Wege stand. Entsetzt sahen die Menschen, daß ihre aus luftgetrockneten Schlammziegel gebauten Häuser wie Zucker im Wasser schmolzen."

Und Ende des Jahres schrieb der Leiter der Darwin-Station Dr. Peter Kramer in seinem Jahresbericht folgende Zeilen: „Das zweifellos wichtigste Ereignis des Jahres 1983 auf Galapagos war ganz und gar ungeplant und unvorhergesehen: Die warme Regenzeit war nicht nur besonders warm und regenreich, sie dauerte auch bis in den Juli hinein an. Auf Galapagos wechselt eine kühlere Jahreszeit, die durch Nieselregen (Garúa) an den Südflanken der höheren Inseln gekennzeichnet ist und die normalerweise etwa von April bis Dezember

dauert, mit einer wärmeren ab. In dieser warmen Zeit fallen mehr oder weniger häufig heftige Gewitterregen. Wärmer und gewittriger wird es, weil der Archipel unter den Einfluß wärmeren Oberflächenwassers (El Nino) gerät. Dieser Einfluß ist von Jahr zu Jahr sehr unterschiedlich stark. Im Jahre 1982/83 war er stärker als jemals seitdem auf Galapagos Temperaturen gemessen werden. Die Wassertemperatur erreichte stellenweise 30° Celsius und von August '82 bis Juli '83 fiel an der Darwin-Station mehr als zehnmal soviel Regen wie in durchschnittlichen und mehr als zwanzigmal soviel wie in trockenen Jahren! Das warme Oberflächenwasser hat noch eine sehr bedeutsame Eigenschaft: Es ist nährstoffarm. Die außergewöhnliche Wärme, die gewaltige Niederschlagsmenge und die Nährstoffarmut des Meerwassers beeinflußten alle Lebensgemeinschaften der Galapagosinseln außerordentlich stark: Alle Tiere, die direkt oder indirekt von der pflanzlichen Produktion des Meeres abhingen, haben schwere Einbußen hinnehmen müssen. Seelöwen, Seebären, Meerechsen, Pinguine, Kormorane, aber auch Korallen, Seeigel und viele andere Meerestiere starben in großer Zahl oder wanderten, wenn möglich, auf der Suche nach Nahrung umher. Die Seevögel, insbesondere Gabelschwanzmöven, Tölpel und Albatrosse verschwanden ganz aus dem Archipel, suchten andere Meeresgebiete auf und kehrten ab Juli/August in verringerter Zahl zurück.
Ganz anders das Bild auf den Inseln selbst, wo ja im allgemeinen der Wassermangel das Wachstum und die Entwicklung der Lebensgemeinschaften steuert: Hier wuchsen und wucherten die Pflanzen auf ganz ungewöhnliche Weise, und die Tiere provitierten davon. Die Finkenpopulationen vervielfältigten sich und die Landleguane saßen wohlgenährt in der grünen Flur.

Eine Katastrophe für die einen, ein Schlaraffenland für die anderen, könnte man meinen. Anders deutet man diese Ereignisse aber, wenn man sich vor Augen hält, daß solche ‚Nino'-Jahre in größeren Abständen schon immer vorkamen. Nur haben wir sie auf Galapagos noch nie erlebt. Deutliche Hinweise sind zum Beispiel die tiefen Erosionsrinnen auf der trockenen Insel Santa Fe. Aber die Galapagospflanzen und -tierarten haben solche Jahre schon viele tausend Mal erlebt und haben dank ihrer Anpassung als Arten überdauert. Das werden sie mit Sicherheit auch dieses Mal tun, es sei denn, der Mensch hat sie in ihrer Zahl so weit reduziert, daß sie solche natürlichen Engpaßsituationen nicht überleben. Hätte zum Beispiel in den vierziger Jahren so ein einschneidendes ‚Nino'-Jahr stattgefunden, wäre der Galapagosseebär womöglich ausgestorben. Der war damals wegen menschlicher Verfolgung sehr stark reduziert und hat sich seitdem dank des Schutzes wieder kräftig vermehrt. Für uns Galapagosbesucher, die wir die Inseln sonst fast immer und überall trocken erlebt haben, war dieser Anblick aber doch überwältigend: endloser Gewitterregen, in den Ebenen riesige Süßwasserseen und an den Hängen der Vulkane reißende Flüsse, die sich oft wochenlang und manchmal als Wasserfälle ins Meer ergossen!"

Dieses böse Kind El Nino hatte uns also hier in Santa Cruz begrüßt – aber der Optimismus von Gil de Roy sprang auf uns über, und bald konnte uns der Regen nicht mehr im engen Hotelzimmer halten. Renate und ich brachen auf.

Seite 49: Die Meerechsen in Punta Espinosa kamen von ihren Algenweiden unter Wasser grünbeklebt zurück ans Land und leuchteten in der tiefstehenden Sonne phosphorartig vor dem dunklen Abendhimmel. Völlig reglos und ohne jede Scheu ließen sie sich auf ausgeblichenen Treibholzhaufen, die das warme Abendlicht vergoldete, trocknen.

Seiten 50/51: Wie Drachen aus der Urzeit erscheinen uns die Galapagosechsen, die von Insel zu Insel unterschiedliche Farben und Größen aufweisen. Das Bild auf Seite 50 entstand aus der Froschperspektive mit Hilfe eines Winkelsuchers, so daß meine Kamera tief unten auf der Lava in Höhe der Echsenfüße liegen konnte. Nur so war es möglich, mich von dem nur 10 cm hohen (und etwa 60 cm langen) Tier von oben herab anschauen zu lassen. Das rechte Iguanaporträt schoß ich aus etwa 50 cm Entfernung – die Tiere zeigen hier ein echtes Urvertrauen, auch dem Fotografen gegenüber. Die Seeleguane von Galapagos kamen einst als Landtiere vom Festland mit seinem üppigen Urwaldgürtel herüber in die Lavawüste Galapagos und überlebten nur durch Anpassung an eine neue Umwelt. Sie lernten aus dem Meer zu leben und wurden geschickte Schwimmer und Taucher, die sich von den Algenweiden bis zu 10 m Tiefe unter dem Meereswasser ernähren können.

Seiten 52/53: Abend vor einem El-Nino-Gewitter auf der winzigen Insel Sombrero Gino im Süden von James. Die Farben verblassen kurz vor der Tropennacht, die Augen können von der Lichterflut des hellen Tages ausruhen, nicht aber unsere Ohren; da schlägt die Brandung kraftvoll ihren Takt zum Geschrei von tausend kleinen und großen Vögeln, in das sich das heisere oft drohende Gebrüll von Seelöwenbullen mischt, die sich um die angenehmsten Schlafplätze und auch um die attraktivsten Weibchen balgen. Für die Allerschönste kämpfen sie sogar – wie alle Männchen dieser Welt. Das unbeschreibliche Spektakel von Brandung, Mövengeschrei und Seehundrufen endete nach der schwarzen warmen Nacht auf Sombrero Gino erst im Morgengrauen.

Seite 54: Auf den Galapagosinseln gibt es keine raubenden Landsäugetiere, so daß für bestimmte Vogelarten kein Grund für eine rasche Flucht in die Lüfte vorliegt. Deshalb hat der Kormoran das Fliegen verlernt, seine Flügel haben sich zu lächerlichen Stümpfen zurückgebildet. Es ist der einzige flugunfähige Kormoran der Welt, auch ein verblüffendes Beispiel der speziellen Anpassung von Arten an eine neue Umwelt. Wissenschaftler der Darwin-Station schätzen etwa 800 Brutpaare speziell auf Isabela und Fernandina. Hier trocknet ein flugunfähiger Kormoran seine „Flügel" geschickt in den letzten Strahlen der Abendsonne von Punta Espinosa.

Seite 55: Dieser junge blaufüßige Tölpel (auf Hood) kann noch nicht fliegen, deshalb möchte er den aufdringlichen Fotografen mit seinem Geschimpfe verjagen. Durch den direkten Blick in die Kamera bekommt das Bild seinen besonderen Reiz.

Seite 56: Ein Graureiher (Punta Espinosa) in typisch aggressiver Haltung. Darauf deutet sein s-förmig gehaltener Hals hin, denn nur so kann er auf Beutetiere wie Krabben zustoßen. Begrüßen sich beispielsweise Graureiherpaare in friedlicher Absicht, dann strecken sie ihre Hälse gerade in die Höhe.

Seite 57: Der Nacht- oder Lavareiher ist ein gutgetarnter – das Bild zeigt, wie identisch die Farbe der Lava mit der Farbe des Gefieders ist – und geschickter Krabbenfänger. Hier hat er auf Plaza gerade eine Krabbe blitzschnell aus einer Spalte gezogen. Der verhältnismäßig kleine Reiher steht lange völlig regungslos in seinem Revier oder schleicht vorsichtig und unhörbar wie ein Indianer über die grauen Klippen. Sobald er – meistens mit Erfolg – zustößt, sind die Felsen von den roten Krabben leergefegt. Hier liegt sicher auch der Grund für die Scheu der roten Geisterkrabben. Ich wundere mich, daß die Krabben mit ihrer auffälligen Farbe nicht besser getarnt sind. Fast sicheren Jagderfolg hat der Lavareiher aber nur in flachem Gelände wie hier auf dem Foto. Auf James beobachteten wir ihn an senkrechten Klippenrändern recht hilflos jagen, dort konnten die Krabben fast immer entkommen.

Seiten 58/59: Der Seelöwe auf Seite 58 scheint den ständigen El-Nino-Regen ermüdend zu finden – wobei das Gähnen typisch für diese Tiere ist. Dieses Gähnen dauert aber nur 1–2 Sekunden, da muß der Fotograf blitzschnell fokussieren und schießen – und etwas Glück braucht er auch. Der Schnappschuß entstand auf Plaza. Auf der Seite 59 handelt es sich um ein Jungtier, das sich spät am Nachmittag in der tiefstehenden Sonne wärmt und trocknet. Der Weg vom Wasser zum Stein war sandig und das verhältnismäßig glatte Seehundfell trocknet rasch. Schon nach wenigen Minuten schüttelte der Seehundteenager alle Sandkörner mit einer kurzen Kopfbewegung ab und das Motiv – auf Seymour fotografiert – war weniger reizvoll. Beide Bilder entstanden auf den Inseln im Süden des Archipels, wobei gerade Seelöwen in großen Populationen überall auf Galapagos zu Hause sind und sich praktisch an allen Stränden tummeln. Seehunde leben in festen Gemeinschaften, wobei ein Bulle meistens einen ganzen Weiberharem für sich in Anspruch nimmt, bewacht und verteidigt. Die Reviere sind streng abgegrenzt und sobald sich ein Bulle in ein fremdes Revier traut, kommt es zu spektakulären und lautstarken Kämpfen. Während die Weibchen und Kinder harmlos und friedlich sind, können Bullen recht aggressiv werden und Menschen durchaus angreifen. Auf Plaza fanden wir oft so viele Seelöwen am Landungsfelsen vor, daß ein Durchkommen für uns problematisch wurde. Gil erzählte uns von einem Touristenunfall, bei dem ein Bulle einen Besucher auf Plaza blitzschnell in die Wade biß. Der Mann ist seit diesem Mißgeschick an einen Rollstuhl gebunden.

Seite 60: Herrlich rosa und rote Flamingos sahen wir viermal auf unserer Kreuzfahrt; auf Floreana, auf Jervis, James und auf Isabela. In allen Fällen ist es ein faszinierendes Schauspiel, diese anmutigen Farbklekse zu beobachten, wie sie stolz, richtig majestätisch und Ruhe ausstrahlend, durch den warmen Uferschlamm flacher Lagunen stolzieren, nach jedem bedächtigen Schritt innehalten, und dann im Schlamm lange und gründlich nach Insektenlarven, Krebsen und anderen Kleintieren suchen und ihre Schnäbel richtig in den Grund wühlen. Eibl-Eibesfeldt schreibt, daß die selten gewordenen Galapagosflamingos – weil ihnen die Siedler nachstellen – scheu sind und er nie dichter als 15 m an sie herankam. Wir machten andere Erfahrungen; ich konnte mich mit meiner Kamera oft bis auf fünf Schritte den Tieren nähern, wobei ich mich ebenso langsam und gemächlich im knietiefen Wasser zu ihnen hin bewegte. Ihre Fluchtdistanz lag oft unter drei Meter und dann sind die Wasserstarts – wie hier auf dem Bild – besonders eindrucksvoll. Die Tiere benutzen ihre langen dünnen und recht gebrechlich aussehenden Beine als Starthilfe und laufen quasi drei bis fünf Schritte über das Wasser, bevor sie „abheben" und meist nur einen engen Kreis über die Lagune fliegen, um sich dann wieder in unmittelbarer Nähe zum weiteren „Schlammfischen" niederzulassen.

Die Darwin-Station

Zum 100jährigen Gedenken an die Landung Darwins verabschiedete die Regierung von Ecuador im Jahr 1934 erste Gesetze zum Naturschutz auf Galapagos. Es blieb aber viele Jahre lang bei den Papiergesetzen, praktisch geschah nichts. Einheimische Fischer jagten Seelöwen und Pelzrobben, um die guten Felle teuer zu verkaufen, ebenso stellten die Galapagossiedler den Riesenschildkröten nach, denn ihr Fleisch und Fett war jetzt nicht minder köstlich als in früheren Piratenzeiten.

Manche Tierarten – besonders die Riesenschildkröten – drohten bereits auszusterben, die Gesetze von 1934 nützten also nichts. Deshalb erklärte Ecuador 1959 den Archipel zu einem Nationalpark, ausgenommen waren und sind nur die festbesiedelten Gebiete und die Insel Baltra. Gleichzeitig wurde mit finanzieller Unterstützung der IUCN (Internationale Union für Naturschutz in Brüssel) und der UNESCO unter deren Schirmherrschaft die internationale Organisation Charles-Darwin-Fondation for the Galapagos Isles gegründet, die auf Santa Cruz seit 1961 eine eigene Forschungsstation unterhält. Die Grundidee sowie die gesamte Konzeption für dieses Projekt stammen von dem deutschen Zoologen und Verhaltensforscher Prof. Irenäus Eibl-Eibesfeldt, der zusammen mit dem österreichischen Forscher und Tiefseetaucher Dr. Hans Hass zwei Reisen auf dem berühmten Schiff Xarifa nach Galapagos durchführte und dabei die dringende Notwendigkeit für den Naturschutz erkannte. Zur Darwin-Station liefen wir von unserem Hotel in Hafennähe etwa 20 Minuten an herrlichen Mangroven vorbei. Der Besuch ist lohnend, denn die wissenschaftliche Station liegt in einem grünen, parkähnlichen Gelände zwischen unzähligen Blüten und Opuntiakakteen. Da stehen kleine Bungalows mit Unterkünften, Labors, Büros und Vortragsräumen, da sind eine Werkstatt für den Fahrzeugpark und ein Anlegesteg für das eigene Forschungsschiff. Der Mittel- und Höhepunkt – zumindest für den Besucher – ist ein Freigehege für Riesenschildkröten, das von WWF-Deutschland finanziert wurde. Die Pflege der Schildkröten, verbunden mit der Rettung der letzten Population, gehört zu den Hauptaufgaben der hier arbeitenden Forscher, Wissenschaftler und Studenten. Ich habe schon berichtet, daß Seefahrer unglaublich große Mengen von Schildkröten töteten. Der nächste Feind waren dann die Siedler und ganz speziell ihre Haustiere: Da sind vor allem die von Seefahrern und Siedlern mitgebrachten Ziegen. Seefahrer haben sie schon vor Jahrhunderten auf den einzelnen Inseln ausgesetzt, um sie bei ihren Besuchen später jagen zu können. Auf einigen Inseln, wie beispielsweise auf James, gibt es inzwischen einige hunderttausend wilde Ziegen! Sie fressen vor allem die Eier der Schildkröten, streunende Katzen fressen deren Jungtiere. So werden Schildkrötengelege eingesammelt und hier in der Darwin-Station künstlich ausgebrütet. Die Jungtiere bleiben zwei bis drei Jahre in der Station, dann sind sie groß und stark genug, um sich gegen die genannten Feinde zu behaupten. Nicht nur Schildkröten sind von

Haustieren der Siedler bedroht. Hunde, die von ihren Besitzern oft fortgejagt werden, weil sie zu groß geworden sind und zuviel Nahrung brauchen, fressen beispielsweise Marine-Iguanas*. Diese legen ihre Eier gerne an den warmen Stränden in den Sand – wo sie von nichtsahnenden Touristen zer-

* Marine-Iguanas (spanisch) = Meerechsen oder Seeleguane.

Charles Darwin nach seiner Galapagosreise, die ihn und den Archipel weltberühmt machte.

treten wurden. Eine seltsame Geschichte passierte mit den Land-Iguanas, die sich besonders gerne gelbe Nahrung suchten wie zum Beispiel Kaktusfrüchte. Touristen begannen dann, diese zutraulichen Tiere mit gelben Bananen zu füttern, fotografierten dabei fleißig und warfen anschließend ihre gelben Kodakschachteln achtlos ins Gelände. Die gelb bevorzugenden Iguanas stürzten sich freudig auf die Farbklekse und starben anschließend jämmerlich.

Nun war und ist es Aufgabe der Darwin-Station, all diese und noch vielmehr Mißstände abzustellen, wildernde Haustiere zu erlegen, sichere Wege für Besuchergruppen anzulegen, auf denen keine Gelege zertreten und keine Tiere gestört werden und weiter Verhaltensforschung und Artenanpassung zu studieren. Auf diesen Gebieten sind die Galapagosinseln das interessanteste und vielseitigste Labor überhaupt.

Hier in der Station können die Wissenschaftler besonders gut die vielen Arten der Darwin-Finken zwischen Baumopuntien, Gestrüpp und Kandelaberkakteen beobachten. Die biologischen und zoologischen Einrichtungen werden durch meteorologische und seismographische Stationen ergänzt. Die Charles-Darwin-Station wird besonders aktiv von Deutschland aus gefördert und unterstützt, zum Beispiel von der zoologischen Gesellschaft in Frankfurt am Main und von dem deutschen World Wildlife Fund (WWF), ebenfalls in Frankfurt. Während unseres Besuches in der Station beschlossen Renate und ich, mit diesem Buch auch ein wenig zu helfen und ganz gezielt die Naturschutzarbeiten hier zu unterstützen*. Die Charles-

* Über aktive finanzielle Hilfe der Galapagos-Aktivitäten existiert inzwischen ein Vertrag zwischen dem Badenia Verlag und WWF Frankfurt.

Darwin-Station hat also ganz präzise, vor allem wissenschaftliche Aufgaben, und arbeitet doch wieder sehr eng mit dem Nationalparkservice zusammen. Der Parkservice verlangt von jedem Besucher Eintrittsgeld für den Park und stellt in der Darwin-Station ausgebildete Führer zur Verfügung. Ohne Eintrittskarte und Führer sind Fahrten zu den Inseln nicht möglich! So ist auch allen ausländischen Jachten und Booten das Anlaufen der Galapagosinseln streng verboten. Im Hafen von Santa Cruz tauchen fast schon regelmäßig Weltumsegler auf. Sie bekommen eine Aufenthaltsgenehmigung nur für wenige Tage, dürfen Wasser und Treibstoff tanken und eventuelle Reparaturen durchführen, dann müssen sie Puerto Ayora wieder verlassen. Die Inseln des Parks dürfen sie nicht anlaufen. Der Besucherstrom wurde im Jahr 1975 vom Parkservice auf 12 000 Touristen pro Jahr limitiert. Es bleibt nur zu hoffen, daß diese Bestimmung so rasch nicht geändert wird, obwohl sich viele Inselbewohner von mehr Touristen mehr Devisen und mehr Wohlstand erhoffen, aber Touristen werden nur so lange kommen, wie Galapagos eine heile Welt darstellt, mehr Touristen würden diese heile Welt mit Sicherheit gefährden. Selbst wenn sie die Spielregeln der Parkverwaltung einhalten.

Während unseres Rundganges hatte sich das Wetter ein wenig gebessert und plötzlich lachte sogar die Sonne – blitzschnell wurde es drückend heiß und unangenehm. So gelangen uns erste Schnappschüsse von den besonders zutraulichen Riesenschildkröten, von beachtlich großen und farbigen Grashüpfern in den Zweigen und von den leuchtenden Frühlingsblüten in der Station.

Vorschriften des Nationalparks:

1. Keine Pflanzen, Tiere, Samen, Zweige und andere natürliche Objekte dürfen berührt, entfernt, abgerissen, gestört oder mitgenommen werden.
2. Achten Sie sehr darauf, kein Pflanzenmaterial zu den Inseln, oder von einer Insel zur anderen zu transportieren.
3. Aus dem selben Grund wie unter 2 bitten wir, keine Nahrungsmittel auf die unbewohnten Inseln mitzunehmen.
4. Tiere dürfen nicht angefaßt oder berührt werden.
5. Tiere dürfen nicht gefüttert werden.
6. Stören oder entfernen Sie kein Tier von ihren Brut- oder Ruheplätzen.
7. Verlassen Sie nicht die markierten Wege bzw. Gebiete.
8. Lassen Sie keinerlei Abfälle auf den Inseln, auch keine Zigarettenkippen oder Zigarettenasche.
9. Kaufen Sie keine Souvenirs oder Gegenstände, die aus Tieren oder Pflanzen von Galapagos hergestellt werden.
10. Zelten in Galapagos ist ohne Genehmigung verboten.
11. Wenn Sie campen, entzünden Sie keine Feuerstellen.
12. Malen Sie keine Namen in Felswände oder an Bäume.
13. Alle Gruppen, die den Nationalpark Galapagos besuchen, müssen von einem qualifizierten Führer begleitet werden, der die Genehmigung, Gruppen zu führen, durch die Nationalpark-Verwaltung hat.
14. Zögern Sie nicht, Ihren Sinn für Naturschutz zu zeigen!

Die Gringos von Puerto Ayora

Ein besonders interessanter Platz in Puerto Ayora ist die kleine Hafenmole vor der Ninfa-Bar, die Bar selbst ist das eigentliche Kommunikationszentrum der Insel Santa Cruz. Wir sind dort gerne frühmorgens hingebummelt, wenn die Boote in den goldenen Strahlen der aufgehenden Sonne lagen, oder auch in der Abenddämmerung, wenn die Fischer vom täglichen Fang heimkehrten, und haben einfach das bunte Treiben der Menschen beobachtet, die hier alle viel Zeit haben, lachen und schwatzen und sich für jeden Fremden interessieren.

Seit Tagen schon beobachteten wir dort ständig einen jungen Burschen, der englisch sprach. Bei einer Flasche Bier kamen wir ins Gespräch und hörten, daß er aus Holland stammte, aber seit Jahren in Alaska arbeitete. Mir schien, daß sich dieser durchreisende Gringo eine ganz gesunde Lebensphilosophie selbst zusammengebastelt hatte: „Schaut, die Sache ist die; überall in Europa strikken die Menschen an fantastischen Sozialnetzen, das Sicherheitsbedürfnis der Europäer wird immer größer, die Risikobereitschaft, die eigentliche Freiheit bringt, wird aber kleiner, sie ist nicht mehr gefragt. Im Klartext: Arbeite ich doppelt soviel wie normal, dann bekomme ich nie doppelten Lohn, sondern höchstens 10 % mehr, weil alles durch dieses verdammte Netz verschlungen wird und ich durch meine Mehrarbeit andere Faulenzer und Nichtstuer mitdurchfüttern muß. Deshalb bin ich vor zehn Jahren schon abgehauen, nach Alaska. Dort arbeite ich hart und viel in einer Fischfabrik in Juneau, ich verdiene so viel Geld, daß ich jetzt ein Jahr lang reisen kann, das ist doch Freiheit, das ist doch besser als Lebensversicherungen, Arbeitslosenversicherungen, hohe Gewerkschaftsbeiträge, Krankenversicherung, Umsatzsteuer und was es da sonst noch alles gibt! Ich komme gerade von den Osterinseln, jetzt ist Galapagos dran, ich habe hier im Ninfa einen Bootseigner aufgetrieben und dazu acht Interessenten. Der Mann will 100 U$ pro Tag für seinen Kahn und für seine Führung. Durch acht ist das erträglich, und Proviant müssen wir unterwegs täglich angeln. Wir nehmen nur Kartoffeln und Nudeln mit. Die acht Typen scheinen ganz in Ordnung zu sein, sind alle schon ähnlich lange unterwegs wie ich. Zurück nach Alaska in ‚meine' Fischfabrik gehe ich erst, wenn meine Dollar zu Ende sind! Dann maloche ich für den nächsten Trip."

Nur wenige Schritte von der Ninfa-Bar entfernt steht ein Neubau auf seltsamen Betonstelzen mit der Aufschrift Radio Santa Cruz. Dieser Sender wird von Franziskanern finanziert und versorgt vor allem die Galapagosbewohner mit Musik und Informationen. Jeden Samstag dürfen die Bewohner dichtgedrängt im Studio über ihren Sender singen. Dann hängen alle Bewohner des Archipels an ihren Radios und rätseln, von wem die falschen Töne in dem Chorgesang wohl stammen könnten! Es mußte wohl gerade wichtige Informationen geben, denn viele Menschen, dunkel- und hellhäutige, drängten sich im Hof des Senders. Einer fiel uns gleich auf; kräftig und sportlich gebaut, braunge-

brannt, bekleidet nur mit Shorts und Sandalen.
„Das da muß Karl Angermeyer sein", meinte Renate, „erkennst du ihn auch?"
Karl Angermeyer gehört zu den berühmtesten Gringos von Puerto Ayora. Wir hatten ihn wenige Tage vor unserer Abreise in einer deutschen Fernsehsendung gesehen und gehört.
„Du hast recht, das ist er, wir sollten ihn eigentlich besuchen, bevor wir in See stechen!"
Der Fremde bemerkte, daß wir Gringos ihn musterten und vermutlich auch über ihn sprachen. Schon drehte er sich zu uns und grüßte lachend: „Hallo, kennen wir uns?" Er sprach deutsch und mußte also zumindest Gesprächsfetzen mitgehört haben.
„Wir kennen Sie, wenn unser Tip richtig ist: Karl Angermeyer? Sie können uns nicht kennen, denn wir sind erst vor zwei Tagen hier angekommen." So stellten wir uns vor und prompt antwortete der überhaupt nicht verblüffte Karl Angermeyer: „Interessant euch zu treffen, kommt doch heute abend zu mir herüber zum Kaffee. Ich wohne da drüben, wo alle Gringos wohnen, das letzte Haus dort hinten auf der Lava, das ist Kap Angermeyer. Ich freue mich, etwas neues aus Deutschland zu hören!"
„O. K., wir kommen, aber wie geht das hier, doch nur per Boot!"
„Richtig, ihr geht zum Ninfa und fragt irgendeinen Boy, ob er euch zum alten Angermeyer fährt, das klappt dann immer sehr schnell!"
So einfach und unkompliziert sind zwischenmenschliche Kontakte überall dort auf der Welt, wo die Zivilisation noch etwas rückständig und ein Gespräch wichtiger und wohltuender ist, als Fernsehberieselung und Computerinformation. An diesen ersten Tagen wechselte das Wetter ständig: kurze Aufheiterungen, dann wieder schwerer Regen. Im Regen gingen wir auch an jenem Nachmittag hinunter zur Hafenmole und hielten nach einem Boot Ausschau. In der Tür der Ninfa-Bar stand ein blonder Mann von vielleicht 35 Jahren, braungebrannt, kräftig, wie fast alle Galapagos-Gringos wie ein Robinson gekleidet; Shorts, sonst nichts. Er beobachtete uns und sprach mich englisch an: „You are Mrs. and Mr. Weyer? Ich bin Steve, Gil hat mir von euch erzählt und mich für eure Alcedobesteigung angeheuert. Gil kann nicht mit hinauf, er muß auf dem Boot bleiben. Ich werde also irgendwann zu euch stoßen und ein oder zwei Wochen lang mit zur Inti-Crew gehören. Kommt, ich lad' euch auf ein Bier ein!"
So lernten wir unseren Alcedofreund Steve kennen, der uns anschließend mit seinem kleinen Dingi hinüber zum Kap Angermeyer fuhr. Auf der Seite der Gringos gibt es keine Straßen und keine Autos, nur schmale Pfade und ganze Wälder aus großen, baumartigen Opuntien. Steve, ebenfalls ausgebildeter Galapagosführer der Darwin-Station, erzählte, daß sich dieser besonders hohe Wuchs durch die kakteenfressenden Schildkröten und Landleguane gebildet hat. Auf anderen Inseln, wo weder Schildkröten noch Leguane leben, sind die Opuntien wesentlich niedriger. Zwischen dem stacheligen Grün stehen wunderschöne Siedlerhäuser aus schwarzer und roter Lava. Ganz vorne auf der äußersten Landzunge steht also das Haus von Karl Angermeyer. Er ist einer der fünf Angermeyer-Brüder, die vor 50 Jahren Hamburg verließen und nach zweijähriger abenteuerlicher Irrfahrt mit dem eigenen Boot nach Galapagos kamen. Einer der vier Brüder hat während der Reise aufgegeben, ist nach Deutschland zurückgekehrt und dann im

Krieg umgekommen. Die vier anderen Brüder leben heute noch auf Santa Cruz. Karl empfing uns freudig mit Kaffee und Keksen in seinem gemütlichen Wohnzimmer, von dem aus der Blick weit über das Meer schweift, stellte uns seine Frau Marga vor und wollte einfach alle Neuigkeiten aus Deutschland, besonders aber aus seiner Heimatstadt Hamburg, wissen:

„Steht der Michel noch? Wie sieht es im Hafen aus? Gibt es auf der Elbe noch Segelschiffe?" Seine Fragen sprudelten nur so heraus, ich aber versuchte, Karl zum Erzählen zu bringen, wir wollten mehr von seinem Robinsondasein erfahren und schließlich taute der alte Seebär mehr und mehr auf, zog vergilbte Zeitungen und Zeitschriften aus einer Schublade und legte uns stolz die Titelseite der BUNTEN Illustrierten vom 23. September 1961 auf den Tisch. Auf ihr strahlte Karl Angermeyer – nackt wie Robinson – mit der Pfeife in der Hand vor einem Dutzend Marine-Iguanas Millionen Leser an.

„Ich fand mein Glück als Robinson," war die fette Überschrift neben dem Portrait des gutaussehenden Mannes. Damals begann die BUNTE mit einer ausführlichen Serie und vielen ausgezeichneten Farbbildern über das abenteuerliche Leben auf den Galapagosinseln zu berichten. Der BUNTE-Reporter Peter Heim erzählte die Geschichte der Angermeyer-Brüder und schrieb über seine erste Begegnung mit Karl auf der Insel Cristòbal folgende Zeilen:

„Der Mann trägt ein paar alte, ausgeblichene Khakishorts und ein kariertes Flanellhemd. Die Schultern sind breit wie ein Schrank, die Haut von der sattbraunen Färbung alten Nußbaums. Er ist so ziemlich der bestaussehende Bursche, dem ich je begegnet bin: eine Mischung zwischen Douglas Fairbanks und Errol Flynn. Er kommt langsam die Straße hoch, und die ganze Kulisse, die Holzhäuser der Hauptstadt San Cristòbal, der tiefblaue Himmel, der lichtfunkelnde See, all das erhält etwas von der phantastischen Unwirklichkeit eines Cinemascope-Films. Seit zwei Stunden versuche ich, Karl Angermeyer zu treffen, habe alle möglichen Leute gefragt. Jetzt weiß ich sofort: Das ist er. Er steuert langsam auf mich zu, ein paar Männern zuwinkend, lässig mit der selbstsicheren Autorität eines regierenden Fürsten. Das ist er also, der Don Carlos! Mal sehen, ob er mich gleich umbringt. Mord am Strand. Einen Augenblick komme ich mir selbst vor wie ein Mitwirkender in einem Western.

‚Sie wünschen mich zu sprechen', sagt er auf englisch: ‚My name is Angermeyer . . .' Er zerquetscht mir die rechte Hand dabei. Seine dunklen Augen haben den scharfen Blick der Seeleute und Jäger. Sie sind von einem kleinen Kranz eingestichelter Falten umgeben. Der Mann lacht offensichtlich gern. Das wenigstens ist beruhigend. ‚Ja, und nicht nur sprechen, Herr Angermeyer. Ich hätte sie gerne besucht. Ich wollte morgen zu Ihnen nach Santa Cruz.'

‚Sie sind Deutscher?'

‚Und Journalist', setzte ich hinzu. Er tritt unwillkürlich einen halben Schritt zurück. ‚Journalisten mögen wir Brüder nicht so gern', brummte er schließlich.

‚Das habe ich schon gehört. Ich habe auch gehört, daß Sie sie erschießen, vierteilen und den Haien zum Fraß vorschmeißen.' Er grinst: ‚Wer hat das gesagt?'

‚Ihre Landsleute auf dem Schiff.'

‚Diese Leute waren gut informiert!'"

Diese Zeilen hatte ich halblaut vor mich hingelesen, während Marga Angermeyer neuen Kaffee eingoß und Karl schmunzelte, sicher waren dem jetzt 70jährigen derartige Komplimente immer noch eine Genugtuung. „Sagen Sie, Herr Angermeyer, wie war das damals auf Galapagos, als Sie nach Ihrer langen Irrfahrt mit Ihren Brüdern hier landeten?“

„Ja, das ist eine lange Geschichte, es war alles ganz anders als heute. Hier auf Santa Cruz lebten vielleicht zwanzig Menschen. Keine Autos, keine Elektrizität, kaum Wasser, einfach nichts. Wir mußten alles selber ausdenken und bauen. Aber es war schön, sehr schön. Wir hatten ja als Jungen Jahre davon geträumt – jetzt hatten wir unser Abenteuer.

Ich erinnere mich noch genau an unsere allererste Nacht auf den verwunschenen Inseln.“ Karl Angermeyer unterbrach seine Erzählung, stopfte sich ohne Hast eine Pfeife, lehnte sich weit zurück und fuhr gedankenversunken fort: „Endlich waren wir am Ziel, wir saßen um das flackernde Feuer nahe am Strand, wo wir unser Lager aufgeschlagen hatten: Gusch, Fritz, Hans, seine Frau Lizzie und ich. Als die Dunkelheit hereingebrochen war, spürten wir erst so richtig die Größe des Abenteuers, in das wir uns gestürzt hatten. Zwar, Gusch hatte die Karte von Kapitän Stöcker, auf der alles mögliche eingezeichnet war: Stellen, wo sich Ziegen, wo sich Wildschweine aufhielten; wo wir Bananen finden konnten. Ja, sogar eine Wasserstelle war auf der Karte angegeben. Aber finde sich einer nach ein paar Strichen auf einer verwilderten Insel zurecht . . .

So hockten wir gedankenvoll um unser Campfeuer. Da hörten wir etwas heranschleichen. Steine kollerten und plötzlich stand eine seltsame Gestalt im Schein unseres Feuers, drehte einen uralten Hut in den Händen und sagte: ‚Recht schönen Abend, die Herren.‘ Sprachlos staunten wir vier Brüder diese seltsame Erscheinung an, die lautlos an unser Feuer getreten war. Das gab's doch gar nicht! – Da stand dieser kleine Mann – grinste etwas schief, seine schwarzen Indianeraugen gingen von einem zum anderen, den zerrissenen Strohhut hielt er vor der nackten Brust und sagte: ‚Recht schönen Abend, die Herren.‘ Ja – recht schönen Abend! Am liebsten hätten wir ihn umarmt, einen Freudentanz aufgeführt, was weiß ich. Ein Mann, ein Eingeborener – ein Mensch inmitten dieser nächtlichen, fremden, feindlichen Wildnis. Ein Geschenk des Himmels. Wie sich später herausstellte, trug das Geschenk des Himmels den wohlklingenden Namen Eusebio Trevinyo. Eusebio kratzte sich jetzt verlegen mit dem linken Fuß an seiner rechten Wade, ließ die Krempe seines Strohhutes noch immer durch die braunen Finger laufen und schnatterte irgend etwas Spanisches. Wir verstanden nichts. Das war auch gar nicht wichtig. Wir waren alle aufgesprungen. Hans hatte verlegen das Gewehr zwischen die Büsche geschoben. Gusch war der erste, der Eusebio an der Schulter packte, und einen Augenblick meinte ich wirklich, er würde ihn doch umarmen. Aber er zog ihn nur näher zum Feuer. ‚Junge, Junge – du kommst gerade im rechten Augenblick‘, stammelte er. ‚Junge – Junge, was biste mir sympathisch . . . Komm setz' dich hin, Amigo.‘ ‚Si‘ nickte der andere etwas furchtsam. Gusch breitete beschwörend die Arme aus: ‚Wir alle – nos otros – Amigos‘ radebrechte er. Wir schwiegen und strahlten uns glücklich an. Dann redeten wir wieder alle auf einmal los. Für Spanier, selbst für einen Indio wie diesen Eusebio, muß es grauenvoll geklungen haben. Aber was tat es. Hauptsache, er verstand die wichtigsten Brocken unseres Kauderwelsches –, den Rest besorgte schon unsere Zeichensprache mit Händen und Füßen. ‚Wasser – aqua?' fragte ich und machte die Gebärde des Trinkens. ‚Hier aqua?' ‚Si', nickte Eusebio schüchtern, ‚aqua.' ‚Wo? – donde . . .' Er deutete in die Dunkelheit und sagte irgend etwas. Wasser mußte es also geben, und Eusebio wußte auch die Stelle. Das Problem war erledigt. Großartig. Punkt zwei . . . Gusch hatte wieder Käpt'n Stöckers Karte auf den Knien. ‚Fleisch?' er imitierte Ziegen. ‚Meck, meck, meck . . .' ‚Cabras', bestätigte Eusebio, ‚muchas Cabras. Meck – meck . . .' Und wieder zogen seine Hände einen Halbkreis, der eine unsichtbare Gegend oben in den Bergen andeutete. ‚Schweine?' fragte Gusch. ‚Occhrr-occhrr?' Er machte das wirklich ausgezeichnet. Der Indio hielt sich den Bauch, er lachte, bis ihm die Tränen aus den Augen traten. ‚Occhrr – occhrr', kopierte er Gusch, ‚Occhrr, occhrr . . . O. K. – allright – pig . . .' ‚Das ist ja englisch', staunte ich. ‚Si, Mister', sagte Eusebio stolz. Und dem, was folgte, konnte ich entnehmen, daß er seine englischen Kenntnisse von den americanos aufgeschnappt hatte, die ab und zu mit ihren Jachten die Galapagosinseln anliefen. Unsere Chancen zur Verständigung wuchsen erfreulich. Wir feierten sie mit einer Flasche cubanischen Rums, die wir aus Guayaquil mitgebracht hatten. Wir erfuhren dabei, daß außer Eusebio noch ein halbes Dutzend Menschen auf der Insel Santa Cruz lebten – sogar Weiße. ‚Wahrscheinlich sind die von der Norweger-Kolonie übriggeblieben, für die Käpt'n Stöcker seinen Fischdampfer überführt hat', vermutete Hans. Wir kannten die Geschichte dieser Kolonie. Eine Geschichte von Niederlagen und Tragödien. Einige der Norweger, die versuchten, auf Santa Cruz zu siedeln, waren beim Fischfang in den gefährlichen und unbekannten Gewässern um die Insel umgekommen. Der Rest hatte schließlich aufgegeben. Daß doch noch welche durchgehalten hatten, wußten wir nicht."

Karl Angermeyer hielt inne, trank mit einem riesigen Schluck seine Tasse Kaffee leer und verließ den Raum, um seine Iguanas auf der Terrasse mit Reis zu füttern. Nach wenigen Minuten saß er wieder im Sessel, stopfte die Pfeife neu und fuhr fort: „Ja, so hatte hier alles angefangen. Wir bauten eine Farm oben in den Bergen von Santa Cruz und betrieben Viehwirtschaft und Fischfang gleichzeitig. Wir fanden salziges Brackwasser in der Academy Bay, wir bauten uns eigene Boote – das war sehr wichtig – und suchten uns Frauen. Das war eine Geschichte für sich. Als neue Einwanderer waren Marga und ihre Tochter nach Galapagos gekommen. Mein Bruder war in Sachen Mädchen schon immer schneller als ich, so heiratete er die Tochter, für mich blieb nur die Mutter!"

„Sei froh," fiel ihm Marga Angermeyer lachend ins Wort, „daß du dieses junge Ding nicht nehmen mußtest und mich bekommen hast!" „Und dann tauchten eines Tages Reporter der BUNTEN Illustrierten bei uns auf, die suchten und schrieben unsere Geschichte. Aber mehr noch, die BUNTE schickte mir ein Ticket nach Deutschland, nach Hamburg. Das war eine tolle Sache und ich mußte überall in Deutschland Vorträge halten, in großen und immer ausverkauften Sälen: in Kiel, Hannover, Braunschweig, Essen, Dortmund, Mannheim, Saarbrücken, Stuttgart, Nürnberg, München usw. Alle Städte fallen mir gar nicht mehr ein. Ich hatte ja nie vorher vor so vielen Leuten Vorträge gehalten, aber ich hatte mir alles genau überlegt und den Text für 90 Minuten aufgeschrieben und auswendig gelernt. Die Bilder dazu hatten Fotografen der BUNTEN aufgenommen. Und dann stand ich plötzlich im dunklen Saal, alle klatschten, als ich auf die Bühne kam. Mir fiel aber kein Wort meines Textes ein und ich schaute einfach sprachlos in die große Menschenmenge. Schließlich stotterte ich vor dem Publikum los: ‚Ich bin so verwirrt über so viel Interesse an meinem Robinsonleben, daß ich gar nicht sprechen kann. Aber ich kann euch sagen, daß ich dort auf Galapagos Haifische mit meinen bloßen Händen gefangen habe. Und ein Mann, der mit bloßen Armen und Händen Haifische besiegt, der sollte doch auch in der Lage sein, einen Vortrag zu halten!‘ Da klatschten die vielen Menschen wieder, und ich rappelte meinen 90-Minuten-Text in einer halben Stunde herunter. Alle waren begeistert und viele Vorträge mußten wir wiederholen, weil die Menschen gar nicht alle hineingingen. Ja, so war das damals, und nach den Vorträgen kamen viele neue Siedler aus Deutschland, weil sie glaubten, hier sei das Paradies und die Bananen würden ihnen ohne Arbeit einfach in den Mund wachsen. Aber genau das stimmt nicht! Was die Zuschauer – und vielleicht auch ihr Fotografen – als Paradies ansehen, mußten wir uns ganz hart erarbeiten. Es sind viele Menschen besonders nach den Berichten der BUNTEN gekommen. Sie waren alle auf der Flucht vor eurer Welt. Träumer, Realisten, Abenteuerer, Millionäre und auch ganz arme Schlucker. Aber die meisten sind hier gescheitert und zurückgekehrt in den sicheren Schoß der Zivilisation, weil sie dem harten Lebenskampf in unserem ‚Paradies‘ nicht gewachsen waren. Ja, und unsere Kinder haben nie eine Schule gesehen, wir Eltern unterrichteten sie, und doch sind sie besser erzogen als die meisten gleichaltrigen im zivilisierten Europa. Autos, Telefone und Fernsehapparate kennen sie nicht. Dafür aber wissen sie sich schon als junge Burschen und Mädchen in allen Lebenssituationen selbst zu helfen und zu behaupten!“

Wenn Karl Angermeyer einmal anfängt zu erzählen, dann gibt es kein Ende. Draußen dunkelte es schon und eine riesige Kanne Kaffee war leergetrunken. Unsere Unterhaltung dauerte an und drehte sich bald um die Gegenwart von Galapagos. Karl glaubt nicht, daß der Tourismus in der jetzigen Form den Galapagosinseln schadet, er glaubt vielmehr, daß sowohl die Einheimischen als auch die Touristen ausreichend über die Notwendigkeit des Naturschutzes aufgeklärt sind und ganz bewußt die Inseln als Besucher und als Besuchte schützen und pflegen.

„Das war nicht von Anfang an so, wir haben den Einheimischen erst klargemacht, daß man Abfall nicht einfach überall hinwerfen und Tiere jagen darf, weil dann bald kein Fremder mehr zu diesem Müllhaufen kommen würde. Fremde müssen aber kommen, sie alleine bringen Devisen und Wohlstand und auch Arbeitsplätze. Wenn Touristen allerdings auf großen Kreuzschiffen wie der MS Santa Cruz kommen, dann geht den Inseln das Geld verloren. Die Devisen werden auf dem Festland bezahlt und bleiben dort. Ich bin sowieso für kleine Touristengruppen und entsprechend kleine Boote, so wie wir Angermeyers oder unser Nachbar Rolf Sievers oder die de Roys sie anbieten. Nur auf kleinen Booten kann man Galapagos erleben.“

Karl zeigte uns noch sein Künstlerstudio, in dem er in seiner freien Zeit ohne Pinsel mit Fingern voller Farbe herrliche Aquarelle der romantischen Galapagoslandschaft malt. Wir sahen schon, daß unsere Zeit für Puerto Ayora einfach zu kurz bemessen war, so viel gab es hier zu sehen und zu hören. Nach Karl Angermeyer besuchten wir gleich seinen deutschen Nachbarn, die Familie Sievers aus Neumünster. Der Weg war in der Dämmerung kaum zu finden und wir stolperten durch knietiefes Wasser am weißen Strand von Academy Bay, es regnete schon wieder. Familie Sievers hat auf der Gringoseite von Puerto Ayora ein sehr schönes Hotel gebaut, vor dem ein herrlicher Strand mit gewaltigen Mangrovenkolonien liegt. Zum Hotelbungalow führt ein sauberer Holzsteg. Frau Sievers war alleine zu Hause, keine Hotelgäste, deshalb war auch das Personal heute abend drüben auf dem „Festland".

Das Regenwetter hatte, wie so oft in der letzten Zeit, wieder für Stromausfall gesorgt, aber Frau Sievers zündete Kerzen an und schien sich ebenfalls über jeden unerwarteten Besuch aus Übersee zu freuen. Ohne förmliche Vorstellungsgespräche waren wir gleich beim Thema Nr. 1, dem El-Nino-Wetter, das für die Überschwemmung draußen gesorgt hatte, ebenso für den Stromausfall und für das Wegbleiben der Hotelgäste.

„Sehen Sie, im letzten Jahr hatten wir nur zwei kleine Schauer, mehr nicht. Die Bäume hatten nicht einmal Blätter, sie waren trocken – wie tot. Aber in diesem Jahr fing es schon im November mit dem Regen an, oben in den Bergen sind Häuser weggeschwommen, da lagen die Leute nachts völlig durchnäßt auf ihren Matratzen mitten auf der Straße und niemand konnte ihnen helfen, weil keine Autos durchkamen. Und ich nehme an, heute ist durch den starken Regen wieder etwas passiert und Autos kommen nicht durch. Ich höre im Funkgerät schon den ganzen Tag, daß Traudi Schreyer, die Nichte Angermeyers, ihre Tochter ruft und keine Antwort bekommt." Ich unterbrach unsere zwanglose Abendunterhaltung mit der Frage, was Familie Sievers bewogen hat, auf den verwunschenen Inseln zu siedeln und sie erzählte:

„Ja, das ist ganz eigenartig. Eigentlich sind unsere Tochter und ihr Mann daran schuld. Mein Schwiegersohn war Zahnarzt und hatte in Neumünster eine Praxis. Das war so Ende der 50er Jahre. Da las unsere Tochter den Bericht in der BUNTEN und sah die schönen Farbfotos und sagte zu ihrem Mann ganz einfach: ‚Carlos, wie schön ist doch Galapagos! Diese Fauna und Flora, diese eigenartige Tierwelt! Da möchte ich auch leben!' Und er hat geantwortet, als wenn das ganz normal wäre: ‚Das können wir haben, gehen wir also nach Galapagos!' Und dann haben sie uns angerufen und einfach gesagt: ‚Wir kommen zum Wochenende rüber, wir haben eine Neuigkeit.' Sie kamen also und sagten nur: ‚Wir möchten auswandern, nach Galapagos!'

Und ich fragte etwas fassungslos: ‚Wo ist Galapagos?'

Wer wußte damals schon, wo die Galapagosinseln liegen. Ja, und dann haben sie uns von Galapagos erzählt und die Fotos aus der BUNTEN gezeigt und sie hatten auch schon mit unserem Sohn Rolf telefoniert, der damals in Hannover studierte. Der wollte auch mit. Was sollten wir dazu sagen, es gab da nur eine Antwort: ‚Na, wenn ihr alle geht, dann gehen wir mit!' Und dann lasen wir in der Zeitung die Ankündigung für einen Vortrag von Karl An-

Seite 73: Überall auf Galapagos – besonders aber im Norden – kreisen Bindefregattvögel als stolze Segler im Himmelsblau des Archipels, oft stundenlang ohne Flügelschlag, geschickt und erfahren jede Thermik für weiteren Auftrieb nutzend. Dieses ruhige in Wind und Sonne Dahingleiten wird dann plötzlich durch hektische Jagdszenen unterbrochen. Der Fregattvogel auf Seite 73 hat einem Pelikan ein Stück Fisch gestohlen und fliegt nun aufgeregt und unsicher, denn seine Artgenossen, zu bequem und zu ungeschickt um selber zu fischen, nehmen sofort die Verfolgung auf und versuchen so den Leckerbissen selbst zu erwischen. Wir beobachteten oft – wie hier in der Bucht von Bartolomé – Fregattvögel, bei denen ein Beutebrocken ein halbes Dutzend Mal oder öfter den Besitzer wechselte.

Seiten 74/75: Der schönste Beobachtungspunkt für Bindefregattvögel schien uns Tower im Norden zu sein. Hier nisten Tausende im niedrigen Geäst der Palo-Santo-Bäume und Büsche. Wie rote Luftballons leuchteten die werbenden Kehlsäcke der balzenden Männchen in der Sonne. Den Weibchen fehlt der auffällige, bunte Kehlsack, sie sind leicht an der leuchtendweißen Halskrause zu erkennen (Seite 75). Läßt sich auf Tower ein Weibchen am Himmel blicken, dann gerät das gesamte Buschland an der Küste in Bewegung. Die Männchen präsentieren stolz ihre prall aufgeblasenen Kehlsäcke, klappern mit den Schnäbeln und unterstreichen ihr aufgeregtes Balzgehabe noch durch nervöses Flügelschlagen. Ihre Blicke sind dabei hoch in den Himmel zum begehrten Weibchen gerichtet. Hat sich das Weibchen für einen besonders feschen Burschen entschieden, dann schmiegt es sich liebkosend an den roten Kehlsack, beide Partner reiben ihre Schnäbel aneinander – aus den Augen des Männchens leuchtet tiefe Zufriedenheit und beide beginnen fleißig mit dem Nestbau. Der Nachbar aber schaut mißmutig auf den erfolgreichen Rivalen (Seite 74), läßt aber dabei seinen Kehlsack aufgeblasen, denn das nächste Weibchen kommt bestimmt – und dann ist da schon ein Konkurrent weniger. Es ist einfach köstlich, diesem farbenprächtigen Balzspektakel auf Tower stundenlang zuzuschauen – und nicht ohne innerliches Schmunzeln wird der objektive Beobachter immer neue Parallelen zum menschlichen Verhalten registrieren.

Seiten 76/77: Auf Tower sind auch viele Tropicvögel zu Hause. Tropicvögel mit ihren leuchtend roten Schnäbeln und den langen federartigen Schwänzen fanden wir auf Plaza, Daphne und auf Tower. Sie lassen sich gut beobachten, aber nur schwer fotografieren. Nur im freien Flug, denn sie nisten in tiefen Höhlen an Steilküsten und halten sich so gut wie nie außerhalb der Höhlen an Land auf. Es ist mir unverständlich, daß Eibl-Eibesfeldt als weltbekannter Wissenschaftler, Verhaltensforscher und Naturschützer wörtlich schreibt: „Man muß die Decke (der Höhle) wegbrechen, um die Vögel betrachten zu können.“ Wir haben es nicht gewagt, eine Tropicvogelhöhle aufzubrechen. Viel schöner erscheinen mir auch die Flugbilder, denn nur draußen in der Sonne, vor dem blauen Meer, leuchten die warmen Farben dieser kleinen unruhigen Farbtupfer. Das Bild auf den Seiten 76/77 entstand auf Tower, wo ich den Tropicvogel von oben in der Nachmittagssonne gegen das tiefblaue Meer erwischte. Zum Fokussieren bleiben hier allerdings nur Sekundenbruchteile und lange Brennweiten sind Voraussetzung für solche Schnappschüsse.

Seite 78: Ganz besonders zahm – aber leider schon selten – ist der Galapagosbussard, den ich hier auf James fotografiert habe. Auf besiedelten Inseln ist er fast ausgestorben, weil die Siedler den Hühner- und Kükendieben nachstellten. Es ist nicht schwer, sich diesen kraftvollen und stolzen Raubvögeln bis auf zwei oder drei Schritte zu nähern, wobei mich der Bussard genau aber ohne Furcht mustert und dabei mit seinen scharfen Augen direkt in meine Kamera blickt. Der erste deutsche Galapagossiedler, Dr. Ritter, erzählte schon bald nach seiner Ankunft in hinterlassenen Briefen von merkwürdigen Geschichten. Ein Bussard hatte Siedlerküken geschlagen und blieb daraufhin ruhig im Baum über seiner getöteten Beute sitzen. Der Siedler kam mit einem Knüppel, stellte sich auf einen Hocker unter den Baum und schlug auf den Bussard ein. Dieser flog nicht davon, bis er so viele Hiebe erhalten hatte, daß er betäubt vom Ast stürzte. Jetzt konnte ihm der Siedler den Kopf abschlagen, aber da saß bereits ein zweiter Bussard im selben Baum und die ganze Szene wiederholte sich.

Seite 79: Wenn es keine El-Nino-Wolken gibt, scheint die Sonne erbarmungslos senkrecht auf die Galapagosinseln. Da gibt es oft nur den eigenen Körperschatten. Diese Blaufußtölpelmutter drängt besorgt und umsichtig ihr Küken in den eigenen Schatten, um es nicht der brennenden und austrocknenden Sonne auszusetzen. Die rührende Szene entstand auf James.

Seite 80: Nicht nur die Tierwelt ist auf Galapagos faszinierend, ebenso die Landschaft, die durchaus nicht – wie so oft beschrieben – aus heißen und kahlen Aschen- und Schlackenhaufen besteht. Wir fanden einsame weiße Sandstrände, die das strapazierte Attribut traumhaft verdienen, ebenso wie bizarre Felsküsten oder urwaldartige Inseln – wie hier auf James –, an denen saftiges Grün zwischen weißen Wolken und weißer Brandung leuchtet; Küsten, die noch nicht durch Beton, Colaschirme, Pommesbuden, Liegestühle oder Discos entstellt sind. Wer nach unseren „zivilisierten" Mittelmeer-, Nordsee- oder Ostseestränden solche Bilder erlebt hat, begreift rasch die weltweite Notwendigkeit für raschen und gezielten Naturschutz!

Seite 82: Unsere Inti liegt in der Bucht von Bartolomé vor Anker. Die Bucht von Bartolomé – Seite 83 – gehört sicherlich optisch betrachtet zu den schönsten und eindrucksvollsten Landschaften des Archipels. Hier liegt der berühmte Vogelfelsen, vor dem links – Seite 82 – die Inti schaukelt, im letzten Abendlicht. Wenn die Äquatorsonne nach der warmen, ruhigen Tropennacht rasch und senkrecht im Osten wieder über den Horizont steigt, dann leuchten die abstrakten Kakteen – Seite 84 – filigran im Gegenlicht und merkwürdig wie aus einer fremdartigen Welt aus den rostbraunen Schlackenhängen, die wir auf dem schattenlosen Pfad möglichst rasch nach Sonnenaufgang erklimmen. Bald schon erinnert die Glut um uns herum, daß es auf Galapagos auch richtige Wüsten gibt – und dann flüchten wir in das herrlich klare und tiefblaue Wasser der paradiesisch schönen Bucht, in der bald schon mehr Jachten an ihren Ketten schaukeln und zerren werden, denn Bartolomé liegt an der Hauptroute fast aller Galapagoskreuzfahrten. Liegt hier Eden?

germeyer über Galapagos in Wuppertal. Wir sind also alle nach Wuppertal gefahren und haben dort Karl und Marga kennengelernt.
‚Wie ist es dort mit dem Hausbau?' fragte ich Karl und er sagte: ‚Jetzt – nach dreißig Jahren Galapagos – haben wir endlich unser Haus fertig!'
So lange wollten wir nicht warten. Wir kauften ein Fertighaus oder besser gesagt alles Material dafür, verluden es in Hamburg auf einen Bananendampfer und fuhren los. Es gab noch viele Schwierigkeiten mit den Einwanderungspapieren, das war nicht mehr so einfach wie zu Angermeyers Zeiten, denn jetzt ging die Sache mit dem Nationalpark los und die Regierung von Ecuador wollte keine Einwanderungen mehr. Aber schließlich klappte doch alles. Wir hatten unser Haus mitgebracht und ein eigenes Boot, ganze neun Meter lang! Unterwegs kamen wir in einen Hurikan und glaubten, mit samt unserem Haus zu sinken. Das war furchtbar, aber wir kamen mit dem Leben davon. In Florida mußten wir alles umladen, auf ein anderes Schiff, das uns schließlich nach vielen Abenteuern nach Galapagos brachte. Unser Schwiegersohn eröffnete hier in Puerto Ayora die erste Zahnarztpraxis und hatte auch großen Zulauf. Die Leute hatten kranke Zähne, aber kein Geld, den Zahnarzt zu bezahlen, und Krankenkassen gab es hier nicht. So hat unser Schwiegersohn aufgegeben und ist schon nach wenigen Jahren nach Europa zurückgekehrt. Uns gefiel es auf Galapagos, wir haben dieses Hotel gebaut und unser Sohn Rolf verchartert heute Schiffe für Rundfahrten durch den Nationalpark. Ich kann mir ein Leben im hektischen Europa gar nicht mehr vorstellen!"
Frau Sievers hörte nicht auf zu erzählen und draußen lag schon tiefe Nacht über der Academy Bay,

als wir uns verabschiedeten und über Lava, durch wahre Regenfluten und dornige Kaktushecken, den Pfad zur Anlegestelle suchten. Da war kein Boot zu dieser späten Stunde. Wir suchten Gils Haus, fanden es aber leer und suchten weiter in der regennassen Dunkelheit. Wir wußten, daß irgendwo zwischen dem Hotel Sievers und Kap Angermeyer, also genau dort, wo wir umherirrten, die berühmte Höhle von Gusch Angermeyer sein mußte.

Gusch ist mit Sicherheit der führende Kopf der Brüder während des Unternehmens Galapagos gewesen. Heute lebt er sehr zurückgezogen und philosophiert. Vielen Verlagen hat er schon seine philosophischen Betrachtungen angeboten, aber ein Buch ist bis heute nicht daraus geworden. Für seine Meditationen hat er sich hier zwischen Lava und Kakteen eine seltsame Höhle geschaffen, in der er sich gerne als König der verwunschenen Inseln sieht; Im Halbdunkel liegen Knochenmengen aller auf Galapagos vorkommenden Tiere, die schon so manchen Forscher der Darwin-Station in Verwunderung versetzt haben; Walrückenwirbel als Stühle, Seelöwenskelette und riesige Schildkrötenpanzer, in Formalin eingelegte Haifischbabys, Sägefischköpfe und irgendwo dazwischen ein grinsendes Haifischgesicht. Diese Höhle haben wir nie gesehen, aber wir waren durch Erzählungen und den Südamerikaführer von Martin Velbinger* ausführlich darüber informiert.
Sicher wäre es möglich, hier im Dunkeln mit unserer Taschenlampe genau in diese Knochenhöhle zu stolpern. Nach vergeblicher Ausschau nach einem Boot oder noch wachen Menschen fanden wir den Weg zurück zu Karl Angermeyer, der zu so später Stunde noch vor seinem kleinen Radio hockte, um Neuigkeiten aus aller Welt aufzufangen. Karl band sofort sein Dingi los, zog den kleinen Motor an und fuhr mit uns Richtung Hafenmole. Aber schon nach wenigen Minuten verstummten die zehn Pferdestärken und Karl Angermeyer versuchte immer wieder vergeblich den Starter. Der Robinson wurde weder nervös noch fluchte er, im Gegenteil, er begann auf dem winzigen, jetzt seewärts treibenden Boot, neue Galapagos-Geschichten zu erzählen, von anderen Gringos so zum Beispiel von der ersten deutschen Siedlerfamilie Wittmer, über die es unzählige oft schaurige Legenden gibt: „Ihr müßt wissen, daß dort auf Floreana bereits viele Menschen spurlos verschwunden sind und es wird behauptet, daß Frau Wittmer über die mysteriösen Vorfälle mehr weiß als sie zugibt. Eines Tages wurde sie nach dem Verschwinden einer Amerikanerin auf Floreana gefragt und sie antwortete prompt: ‚Richtig, diese Amerikanerin! Sie verschwand spurlos auf unserer Insel. Wir werden sie wohl erschossen haben und dann haben wir sie zu Wurst verarbeitet. Diese Wurst habe ich anschließend Karl Angermeyer geschickt, er hat sie gegessen!'"

Karl lachte schallend in die Nacht, griff zum Paddel und ruderte uns die letzten fünfzig Meter zur Mole. Dort arbeiteten Gil und Anita mit starken Taschenlampen, völlig durchnäßt vom Dauerregen, und schleppten Proviantkisten und Dieselvorräte auf ihr Dingi. Die Inti sollte am nächsten Morgen startklar sein. Bei einem strahlenden Sonnenaufgang stachen wir dann auch zu viert in See, Richtung Süden zur legendären Insel Floreana – zu Frau Margret Wittmer.

* Südamerika von Martin Velbinger, Verlag Martin Velbinger, 8000 München 60.

Floreana

Inti ist ein Inkawort und heißt Sonne, und die schien auch, als wir am 1. Mai den bunten und so lebhaften Fischerhafen Puerto Ayora auf Santa Cruz verließen. Gil hat die Inti zusammen mit seinen Eltern und seiner Schwester Tui in Eigenarbeit gebaut; ein stolzes Segelschiff aus Holz, 32 Fuß lang, mit einer Schlafkabine für vier Personen und einer Unterkunft für zwei Mann Crew, einer gemütlichen Küche und einem Sonnendeck mit einer zünftigen Sitzecke im Heck. Die Inti verfügt über eine japanische Dieselmaschine, 22 PS stark, und macht damit gute 6 Knoten in der Stunde. Die gleiche oder bei gutem Wind eine noch höhere Geschwindigkeit erreicht die schwarzweiße Jacht unter Segeln. Unser erstes Ziel war Floreana im Süden des Archipels. Die Umrisse der Insel tauchten schon bald am Horizont auf; es sind 22 Seemeilen von Santa Cruz aus oder 40 km. Fünf Stunden brauchte unser Schiff für diese Strecke. Im Westen, aus der Richtung Alcedo, zogen schon bald schwere Wolken auf und es begann tüchtig zu blasen. Renate und ich waren keine Seebären wie Gil und Anita und empfanden die Schaukelei als unangenehm, das sollte sich aber schon in den nächsten Tagen legen. Ganz frei von leichten Seekrankheitsgefühlen bei starkem Wellengang wurden wir allerdings nie! Während der gesamten Überfahrt sahen wir kein einziges anderes Boot und keinen Galapagostouristen. In der ersten Bucht von Floreana schaukelte ein Kontrollboot des Nationalparks vor Anker. Wir gingen an Land und freuten uns über zwanzig zartrosafarbene Flamingos in einer Lagune. Sie ließen uns, die Fotografen, ohne Scheu bis auf wenige Meter herankommen. Gil, ohne dessen fachkundige Führung wir nie an Land gingen, zeigte uns unweit der Flamingolagune einen weißen Sandstrand und plötzlich und überraschend erkannten wir einen häßlichen verlassenen Lagerplatz mit einer Feuerstelle und sehr viel Unrat. Das widersprach den Verordnungen der Parkverwaltung und den Aussagen von Karl Angermeyer über das Naturschutzverständnis der Ein-

Margret Wittmer – seit 50 Jahren auf Floreana.

heimischen. Und Einheimische waren in diesem Fall die Übeltäter. Gil zog seine Stirn kraus: „Verdammte Fischer aus Santa Cruz, die machen diesen Dreck aus Protest zur Nationalpark-Idee, die sie nicht nur ignorieren, sondern demonstrativ bekämpfen. Irgendwo versteh' ich die sogar, sie leben seit Generationen hier auf Galapagos vom Fischfang, wovon sollen sie jetzt plötzlich leben? Aber laß uns zurückgehen, ich zeig' euch noch was interessantes!" Die für Besucher erlaubten Wege sind überall auf Galapagos durch kleine Holzpflöcke gekennzeichnet, ebenso die Stellen zum Landen. Dabei unterscheidet man immer zwei Möglichkeiten; die trockene Landung oder die nasse Landung. Im ersten Fall handelt es sich meist um einen geeigneten Felsen, an den man das Beiboot so dicht heranbringen kann, daß die Besucher trockenen Fußes auf die Insel springen können. Bei der nassen Landung fehlen solche „Anlegeplätze" und man verläßt das Boot bereits in der Brandung und watet die letzten Meter durch Wasser an den Strand. Die oft nur kurzen Wege sollten auch von Fotografen nicht verlassen werden, denn neben den Holzpflöcken gehören die Inseln alleine den Pflanzen und Tieren. Oft handelt es sich auf den Inseln um Rundwege, in einigen Fällen aber auch um kurze Sackgassen.

Tatsächlich ist die Bewegungsfreiheit auf den wenigen markierten Wegen völlig ausreichend für die Tierbeobachtung und auch für die Landschafts- und Tierfotografie. Wir erreichten wieder unsere Bucht und sahen viele Blaufußtölpel auf einem kleinen Felsen vor der Küste hocken. Neben ihnen spielten muntere Seehundkinder mit feuerroten sogenannten Fels- oder Geisterkrabben, die es überall an den schwarzen Galapagosstränden gibt. Geisterkrabben werden sie genannt, weil sie sich blitzschnell nach allen Seiten bewegen können und ganz plötzlich sind sie – eben geisterhaft – in irgendeiner engen Lavaspalte verschwunden. Diese besonders farbigen und fotogenen Krabben gehören zu den wenigen scheuen Galapagosbewohnern, weil sie Feinde haben und in ständiger Angst vor dem gutgetarnten Lavareiher, der ihnen überall nachstellt, leben müssen. Ich habe diese Tiere besonders gerne und fleißig fotografiert, weil sie mir derart urweltartig vorkamen und typisch für jede Landung auf einer Insel sind. Für gute, für ungewöhnliche Fotos, muß sich der Fotograf flach auf die Lava legen und diese spinnenartigen Ungeheuer, die groß sind wie ein Taschenbuch, im Macrobereich mit Blick in die Kamera aufnehmen. Da die Geisterkrabben immer in der Brandung leben, leuchten ihre kräftigen Farben Rot, Gelb und Blau durch die Nässe besonders attraktiv. Aber um sie zu beobachten und zu fotografieren sind rutschfeste Turnschuhe und strapazierfähige Jeans erforderlich, denn die Lava ist glatt wie ein Eisbruch und scharfkantig wie ein indisches Fakirbett und durch ihr fluchtartiges Laufen und Verschwinden bringen diese Biester den Fotografen immer wieder zur Verzweiflung! Gil, der schon vom ersten Tag an unermüdlich mein Stativ und meistens sogar noch die recht schwere Fototasche trug, drängte zum Weitergehen, denn die schwarzen Regenwolken, die gegen Mittag noch weit im Westen standen, hatten jetzt Floreana erreicht. Bald würde es wieder losgießen. Mit dem Dingi fuhren wir etwa eine Meile am Strand entlang und gingen erneut an Land – zu einer seltsamen Tonne, die vielleicht 100 Schritte von der Brandung entfernt inseleinwärts lag. Eine seltsame Tonne mit vielen

Namensinschriften von Reisenden und mit den Namen fremder Jachten aus aller Welt versehen. Gil mußte uns nichts erklären, denn Renate und ich hatten selbstverständlich das Pflichtbuch für jeden Galapagosreisenden „Postlagernd Floreana" von Margret Wittmer gelesen*.

Der Titel „Postlagernd Floreana" meint diese Tonne, vor der wir jetzt im letzten Abendlicht kurz vor dem nächsten El-Nino-Regen standen und staunten. Walfänger haben die Tonne hier vor Jahrhunderten stationiert und zum internationalen Postamt erklärt. Reisende haben schon immer ihre Briefe und Nachrichten einfach in die Tonne geworfen, und andere Reisende haben sie herausgeholt und befördert. Kam ein Schiff aus Deutschland, dann suchte man die Post für Deutschland aus der Tonne. Fuhr ein Schiff weiter nach Australien, dann forschte die Besatzung in der Tonne nach Briefen für Australien. Es funktionierte und funktioniert heute noch! Die deutsche Siedlerin Margret Wittmer hat sich mit einem großen persönlichen Engagement die Genehmigung des ecuadorianischen Postministeriums eingeholt, die Post aus Floreana mit einem eigenen Stempel zu versehen und an den Empfänger zu leiten, für die Sammler in aller Welt eine willkommene Rarität. Renate nahm eine Handvoll Karten und Briefe aus der Posttonne und las die Anschriften vor: „Australien, Österreich, Dänemark, USA!"

Erste Regentropfen trieben uns zurück zu unserem Beiboot. Auf dem kürzesten Weg tuckerten wir in Richtung Inti, die in der ruhigen Bucht leise vor Anker schaukelte. Das Boot der Ranger war verschwunden, Anita winkte freudig als wir näher kamen und versprach uns ein besonders leckeres Dinner an Bord; sie hatte am Nachmittag Besuch gehabt. Die Parkranger waren zu ihr herübergekommen, hatten ihre Fahrterlaubnis und unsere Eintrittsmarken für den Park überprüft und Anita als Geschenk zwei frische Ziegenschenkel mitge-

Die berühmte Posttonne auf Floreana.

* Dieses Buch ist in viele Sprachen übersetzt und in Deutschland 1959 auch unter dem Titel „Paradies am Rande der Welt" erschienen.

bracht. Alle Ranger und auch die Führer der Darwin-Station haben nicht nur eine Genehmigung, sondern den Auftrag, auf den Inseln wilde Ziegen zu schießen. Nur so kann die Umwelt effektvoll geschützt werden. Bald schon roch es köstlich nach Ziegenbraten aus der Intiküche, und Gil kramte einige Bierflaschen aus dem Bug, die waren nicht kühlschrankkalt, aber frisch genug für so einen lauen Abend an Bord.

„Weißt du Gil, wir waren gestern abend bei Karl Angermeyer und im Hotel Sievers. Natürlich haben wir über die schönen, sauberen Häuser und den weißen Traumstrand von Academy Bay gestaunt. Wie sehen die Einheimischen euer Paradies, sind sie nicht doch ein wenig neidisch?“ So begann ich unsere Abendunterhaltung, die während unserer Galapagosreise zu einer sehr angenehmen Einrichtung wurde, denn die Dunkelheit kommt am Äquator früh, auf den Inseln dürfen sich Besucher dann nicht mehr aufhalten und schon gar nicht auf ihnen übernachten. Zum Schlafengehen ist es meistens noch zu heiß, also sitzt man um eine Kerze, um Batteriestrom zu sparen, in der warmen Abendluft, trinkt Bier und plaudert. Wie herrlich, auf der Inti gab es keine laute Musik, kein Fernsehgerät, wie das auf Kreuzschiffen in Verbindung mit Videocassetten schon üblich ist, und keine Passagierunterhaltung durch Bordspiele und ähnliche Einrichtungen, dafür war Zeit für gute Gespräche. Wir im lauten Europa haben da viel verloren!

„Das ist richtig, Helfried, die lokale Bevölkerung ist eifersüchtig auf uns Gringos. Ihren eigenen Sandstrand haben die Dorfbewohner von Puerto Ayora einfach verbaut! Sie waren zu faul, den Bausand von entfernten Plätzen zu holen. Kürzlich sollten neue Häuser gebaut werden, ganz speziell für die Marinestation neben dem Hafen. Da kamen die Dorfbewohner nachts mit ihren Booten in die Academy Bay und stahlen unseren weißen Sand, besonders aktiv war dabei die Hafenpolizei. Wir Gringos haben uns zusammengetan und einen Beschwerdebrief nach Guayaquil geschickt. Daraufhin bekam die Hafenpolizei den offiziellen Auftrag vom Festland, unseren Strand zu bewachen. Tagsüber stand ein schwerbewaffneter Polizist im Schatten der Mangroven, und bei Dunkelheit hat derselbe Mann weiter Sand geklaut und auf Boote verladen. Ja, sie sind neidisch auf unsere Academy Bay, aber sie haben noch nie Verständnis für schöne saubere Siedlungen gezeigt. Bevor wir Gringos hier siedelten, haben die Einheimischen in Puerto Ayora alle Pflanzen und Bäume abgeschlagen und als Brennholz verheizt, bis sie selbst keinen Schatten mehr hatten.“ „Sag mal Gil, wo bekommt ihr eigentlich den Treibstoff her? Ich habe weder im Hafen noch im Dorf eine Tankstelle gesehen.“ Gil lachte schon vor seiner Antwort: „Organisation scheint ein Fremdwort für die Leute hier zu sein, das können die einfach nicht. Du weißt, fast jeder hat bei uns ein Boot unten im Hafen. Aber es gibt wirklich keine Tankstelle, auch keine Wassertankstelle. Der Treibstoff, Diesel und Benzin, kommt tonnenweise per Schiff aus Guayaquil. Das Versorgungsschiff ankert in der Bucht, dann bringt eine Barkasse den Treibstoff in Tonnen zum Hafen, jetzt werden die Tonnen von einem Lkw übernommen und oberhalb des Dorfes zum Verkauf angeboten. Die Käufer chartern wieder einen Lkw, um die Tonnen zurück zum Hafen zu bringen. Dann wird dieselbe Barkasse angemietet, damit die Tonnen zur Academy Bucht herübergebracht werden können. Die Bewohner schleppen die schweren Lasten zu ihren Häusern, um sie irgendwann wieder zum Strand zu rollen, wenn sie tanken müssen. Das ist das einzige mögliche Tanksystem auf Galapagos!"

Am nächsten Tag weckte uns das laute Anspringen des Schiffsdiesels unmittelbar neben unseren Schlafkojen schon lange vor Sonnenaufgang. Am Himmel hingen wieder dicke Wolken. Wir umfuhren die Teufelskronen, das sind schroffe Lavazakken eines Vulkankraters, der 15–20 Meter hoch aus dem Meer ragt und von Tausenden Blaufußtölpeln, Fregattvögeln und Möven bewohnt wird. Unser Ziel war die Wittmerbucht. Es wurde von Minute zu Minute stürmischer, ungemütlich für das Frühstück auf dem stark schaukelnden Boot. Wie erfahrene Segelflieger zogen Fregattvögel über uns ihre Kreise. Ohne Flügelschlag, gleichmäßig und trotz der starken Brise bewundernswert ruhig. Die Spannweite dieser stolzen Vögel schätze ich auf fast zwei Meter. Gil erzählte uns, während wir alle genüßlich unsere Spiegeleier verzehrten, daß Wissenschaftler der Darwin-Station diesen Fregattvögeln winzige Sender mitgegeben haben, die den Flügelschlag genau kontrollieren konnten. Bei diesem Experiment hat es Vögel gegeben, die elf Stunden lang ohne den geringsten Flügelschlag kreisen bzw. segeln konnten.

Nicht weit von der Postoffice-Bucht entfernt stießen wir auf eine winzige Ansiedlung. Da leben ein Hafenkapitän, sein Quartier ist an einer gigantisch langen Funkantenne zu erkennen, und knappe 50 Menschen vom Fischfang und von der Landwirtschaft. Zu ihnen gehört Familie Wittmer, die eine kleine Gastwirtschaft betreibt, und sich über jeden Besuch aus Deutschland besonders freut. Die alte Dame empfing uns fröhlich im Kölner Dialekt zusammen mit ihrer Tochter Floreanita und zwei Enkelkindern. Im eigentlichen Restaurant über der Tür hing ein großes Farbposter; Köln bei Nacht mit der Deutzer Brücke und dem Dom auf der anderen Rheinseite. Margret Wittmer, über 70 Jahre alt und seit 50 Jahren auf Floreana, hat zwar einige Fältchen im Gesicht und schlohweißes Haar, dafür führt sie ihre Wirtschaft mit fester Hand, selbstsicher und optimistisch. Sie servierte uns selbstgemachten, herrlich schmeckenden Orangenwein zusammen mit frischgebackenen Plätzchen. Nein, diese lebenslustige Dame konnte unmöglich ihre Hand bei seltsamen Mordanschlägen mit im Spiel haben, wie Gerüchte und böse Zungen behaupten.

„Setzt euch, trinkt, eßt und erzählt aus Deutschland. Ich habe in der Zeitung gelesen, daß Köln abgesoffen ist, ganz böses Hochwasser muß es da gegeben haben. Ihr kennt mich?"

„Ja", sagte Renate und genoß den starken, süßen Wein, „wir kennen Ihr Buch – und vor einigen Tagen waren wir bei Karl Angermeyer, da haben wir auch von Ihnen gehört!"

Margret Wittmer, deren Mann Sekretär bei Konrad Adenauer gewesen ist, unterbrach Renate lachend: „Karl Angermeyer, was weiß der schon von Margret Wittmer, der hat euch nur böse Räubergeschichten erzählt! Wie geht es Marga? Die war einmal eine richtige große Dame in Puerto Ayora!" Da hocken Deutsche am Ende der Welt beieinander und giften sich gegenseitig an – und mögen sich doch!

„Frau Wittmer, Sie sind die älteste deutsche Siedlerin hier auf Galapagos, erzählen Sie uns aus Ihrem Leben, darf ich dazu ein Tonbandgerät laufen lassen?"

„Um Gottes willen nein, ich erzähle nichts, ich hab kürzlich wieder einen Buchvertrag unterschrieben, ich kann doch nicht allen Besuchern mein ganzes Leben erzählen. Trinkt, eßt und baut in Gottes Namen euer Bandgerät auf. Ihr bleibt doch zum Mittagessen?" Wie sollten wir da widerstehen, ein Tag in diesem „Kölner Restaurant" am Ende der Welt ist viel zu kurz. Wir blieben zum Mittag und aßen herrlich frische Seezungen und hörten der Dame stundenlang zu. Sie wußte heitere und auch traurige Geschichten so spannend zu erzählen, daß wir an diesem Tag wirklich 50 Jahre Floreana erlebten. Sie hat das Sterben des legendären Dr. Ritter aus Berlin ebenso erlebt wie das Schiffsunglück, bei dem ihr Sohn Harry im Oktober 1951 vor der Küste ertrank. Aber sie konnte auch so komische Dinge erzählen, daß uns beim Lachen fast die Tränen aus den Augen kullerten: Da war vor vielen Jahren ein Kapitän Lord bei ihr gewesen und stieß in der Nähe des Hauses Wittmer auf einen alten, bemoosten Stein, der ein seltsam geformtes Gesicht zeigte, ähnlich wie die Steine auf den Osterinseln. Lord fotografierte den Stein und glaubte, eine alte Inkakultur entdeckt zu haben. Vielleicht war dieser Stein sogar der Beweis, daß der Inkakönig Yupanqui doch schon lange vor Berlanga hier war und der eigentliche Entdecker von Galapagos ist. Als Kapitän Lord einen Vortrag in New York über die Entdeckung hielt, reiste der weltberühmte Forscher Thor Heyerdahl eigens in die USA, um diesem Vortrag zu lauschen und das Bild zu sehen. Heyerdahl erlebte erregte Auseinandersetzungen von Archäologen, die Lord wiederum vorwarfen, das betreffende Bild stamme von den Osterinseln. So rüstete Heyerdahl eine eigene Expedition aus und suchte nach besagtem Steinbild, das war 1955.

Groß war wohl seine Enttäuschung, als Margret Wittmer dem Entdecker erklärte, daß ihr Mann dieses Steinbild selbst aus dem Tuff herausgemeißelt hatte – um seinem Sohn Rolf die Kunst solcher Arbeiten zu zeigen. Gelehrte und Wissenschaftler schien Margret Wittmer ebensowenig ernst zu nehmen wie ihre Nachbarn in Puerto Ayora. Unser Gespräch kam auch auf Prof. Eibl-Eibesfeldt und ich warf in das Gespräch, daß er doch der eigentliche Initiator der Nationalparkidee gewesen sei.

„Der", unterbrach mich Frau Wittmer, „der ist auch hier gewesen, dort hängt sein Porträt!" Dabei zeigte sie lachend auf einen farbigen Fregattvogel an ihrer Wand mit einem großaufgeblasenen, leuchtend roten Kehlsack!

„Seht doch, sich so aufpusten und angeben können hier nur die Fregattvögel und in Europa die Wissenschaftler!"

Herzlich war unser Abschied von dieser bemerkenswerten Frau, die nach 50 Jahren Galapagos feststellte: „Damals, als ich hergekommen bin, war ich jung und schön – heute bin ich das nur von hinten!"

Am Abend waren wir zurück in unserer Bucht und lagen dicht an der Flamingolagune vor Anker. Ein diffuses Sonnenlicht lag über Floreana und ließ die prächtigen Flamingos besonders zart leuchten. Sie standen stundenlang im seichten, warmen Lagunenwasser und fischten nach kleinen Krebsen. Diese Krebse im Brackwasser haben Bakterien mit roten Farbpigmenten, die den Flamingos die so attraktive Färbung geben. Die rosarote Färbung entsteht nur in jungen Federn, nicht mehr in den älteren.

Es drängte uns an diesem warmen Abend noch einmal auf unser Dingi, und wir umfuhren die Teufelskrone, um den Seevögeln und den jetzt faul daliegenden Seelöwen auf den Lavafelsen aus allernächster Nähe zuzuschauen. Dann hockten wir wie am Vorabend um eine Kerze an Bord und hörten Gils Erzählungen zu, der gerade hier von Floreana unzählige makabre Gruselgeschichten auf Lager hatte; es ist wahr, daß auf Floreana viele Menschen ohne Spuren einfach verschwunden sind, so auch der Schwiegersohn von Margret Wittmer. Der war vor genau 15 Jahren mit zwei Eseln zur Jagd gegangen. Die Esel kamen alleine zurück, bis heute gibt es keine Erklärung für sein Verschwinden. Alle Personen, die auf Floreana auf rätselhafte Art und Weise umgekommen sind, hatten vorher einen engen Kontakt zu Frau Wittmer, so daß selbstverständlich böse Gerüchte auf dem Archipel entstanden. Vor 10 Jahren ist erstmals eine Touristin, eine Amerikanerin, auf Floreana verschwunden. Gil erzählte, daß man vor zwei Jahren ihre Knochen fand, aber ihr Ehering fehlte! Niemand wußte den Namen und die Anschrift der Toten. So steckte man die Knochen in einen Sack und schickte diesen an die amerikanische Botschaft nach Quito. Die Botschaft forschte in den USA nach Angehörigen der Toten – ohne Erfolg – und schickte deshalb den Sack wieder zurück – postlagernd Floreana!

Poststempel von Floreana.

Eine amerikanische Baronin kam gleich mit zwei Geliebten nach Floreana und wollte den Tourismus dort ganz groß aufbauen. Plötzlich verschwand die Baronin mit einem ihrer Freunde, der zweite kam sehr verstört hinunter ins Dorf und sagte nur, es sei etwas ganz Schreckliches passiert. Einzelheiten wollte er nur der Polizei in San Cristòbal erzählen. So ruderte er zusammen mit einem norwegischen Siedler und dessen Sklaven hinüber nach San Cristòbal. Dort sind die drei nie angekommen. Fischer sahen das Boot mit den drei Insassen treiben und berichteten, daß der Sklave ihnen nach eingehender Befragung zugerufen hätte, es sei alles in Ordnung, sie ruhen nur aus und fahren dann weiter nach San Cristòbal. Jahre später fand man alle drei Leichen weit im Norden von Galapagos, am Strand der Insel Marchena!

„Gil, wie seid ihr hierhergekommen, warum?“ Zu dieser Frage wollte Gil nie ausführlich Stellung nehmen. Er berichtete immer nur kurz und lückenhaft: „Wißt ihr, in Europa war Krieg, die Zukunft sah dunkel aus. Da sind meine Eltern einfach ausgewandert an einen friedlichen Ort, hierher nach Galapagos. Aber das Siedlerleben war hart, verdammt hart. Meine Eltern wollten mehrfach aufgeben, sie wollten zurück, nach Hause. Aber dazu fehlte das Geld, sie konnten nicht mehr zurück! Erst nach 25 Jahren Galapagos sahen meine Eltern Belgien wieder – sie fanden sich im hektischen und oberflächlich gewordenen Europa, wo alle Menschen nur dem Geld, dem Wohlstand und dem Fortschritt nachrannten, nicht mehr zurecht. Dort in Belgien erkannten sie, daß ihr Auswanderungsentschluß richtig gewesen war. Sie wußten, daß sie auf Galapagos ihr Paradies gefunden hatten.“

Inseln im Süden

Hood oder Espanola gehört zu den interessantesten Galapagosinseln, das betrifft weniger die Landschaft als vielmehr die Tierwelt. Landschaftlich ist Hood flach und wüstenhaft, allerdings mit einer besonders bizarren Steilküste und einer beeindruckenden Brandung.

Als wir nach stürmischer Seefahrt dort ankamen, gab es eine nasse Landung und erstmals während unserer Fahrt richtige Äquatorhitze! Am Strand aus Muscheln und Korallen begrüßte uns eine Spottdrossel, die nicht von meiner Fototasche fortwollte. Sie zupfte immer wieder an Schnallen und Riemen und probierte es mit unseren Schuhbändern, als wir die Fototasche über die Schulter hingen.

Auf Hood gibt es verschiedene Galapagosraritäten: Da sind zum Beispiel die roten Seeleguane oder Marine-Iguanas. Das Wort Seeleguan bedeutet nicht, daß diese Tiere im Meer leben, sie holen sich nur ihre Nahrung aus dem Meer, vor allem Algen. Bis zu einer halben Stunde können diese Tiere unter Wasser bleiben und dabei bis zu 10 m tief tauchen. Dieses Schwimmen und Tauchen ist eine typische Anpassung über Generationen und Jahrhunderte, denn nach der Galapagosgeburt kamen sie vom südamerikanischen Festland, wo sie Pflanzenfresser am Rande des Urwaldes gewesen sind, hierher in eine Welt aus Fels und Asche. Um zu überleben, mußten sie sich Nahrung aus dem Meer holen. Die ehemaligen Landtiere entwickelten sich zu Meerechsen. Ein Jahr vorher war ich schon auf Hood gewesen, da waren die Klippen schwarz von Tausenden Meerechsen, jetzt waren wesentlich weniger da – vielleicht eine Folge des El Ninos.

Wir sahen viele Blaufuß- und Maskentölpel mit ihren Jungtieren, und in den Felsen tummelten sich zahlreiche Seelöwenkinder, die gar keine Notiz von uns nahmen. Gil meinte, daß die besondere Zutraulichkeit dieser kleinen Seelöwen so zu erklären sei: Sie werden den ganzen Tag lang von ihren Eltern, den Kühen und Bullen, umgeben und beschützt, so daß gar keine Gefahr droht. Menschen haben nun etwa dieselbe Größe wie diese ausgewachsenen Tiere und werden von den Kindern vermutlich verwechselt. So wie ein Seelöwenkind ins Wasser springt um dort herumzutollen, gehen die Eltern hinterher und geben den Kleinen „Flankenschutz“ zum offenen Meer hin, denn dort lauern Feinde, Haie.

Eine besondere Attraktion auf Hood ist für jeden Besucher das sogenannte Blasloch an der Küste. Ein unterirdischer Gang führt etwa 10 m weit zu einem Lavaloch, das nach oben hin offen ist. Schlägt eine Welle an den felsigen Strand, dann wird das Wasser unterirdisch unter großem Druck in das betreffende Loch gepreßt und schießt wie ein isländischer Geysir 10–15 m hoch in den blauen Himmel. Ein Schauspiel, das sich alle paar Minuten wiederholt.

Aber das ist noch nicht alles auf Hood! Die größte zoologische Kostbarkeit auf dieser sonnverbrannten Insel sind die Galapagosalbatrosse, die hier und sonst nirgends auf dem Archipel brüten. Eibl-Eibesfeldt hat die Gesamtpopulation auf 2000–3000 Tiere geschätzt. Die herrlich anzusehenden Albatrosse haben eine stolze Flügelspannweite bis zu 2,50 m und bewegen sich hier auf Hood etwas schwerfällig und unbeholfen. Das Land ist

Als besten Führer vor Ort empfehle ich den Guide to the Visitor Sites of Parque Nacional Galápagos von Alan und Tui Moore, der alle Landeplätze in übersichtlichen Skizzen zeigt und beschreibt.
Punta Suarez auf Hood:
Hauptattraktionen: Albatrosse (April bis Dez.), Blaufußtölpel, Maskentölpel, Meerechsen, Blasloch, Lava-Eidechsen, Spottdrosseln.
Andere Attraktionen: Tropicvögel, Seelöwen, Felsenkrabben.
Länge des Weges (ein Weg) 1000 Meter.
Minimum Zeit 2 Stunden.

nicht ihr Element, sondern die Luft und das Meer. Sie brüten nur alle zwei Jahre, dazwischen fliegen sie zur südamerikanischen Küste. Das hat seinen Grund: Albatrosse fangen kaum lebende Fische, sie jagen anderen Vögeln, den Tölpeln, Möven und Pelikanen beispielsweise, die Beute ab oder fressen, was die anderen übriglassen. Deshalb ist die Nahrungsbeschaffung relativ schwierig und die Aufzucht der Jungen dauert sehr lange. Gil erzählte uns, daß er hier vor Hood etwa hundert Blaufußtölpel bei der Fischjagd beobachtet hat, die plötzlich von Albatrossen angegriffen wurden. Die viel stärkeren und größeren Albatrosse drückten die Tölpel so lange unter Wasser, bis diese ihre Beutefische freigaben. Die Beinmuskulatur ist bei den Albatrossen sehr schwach, die Muskeln sind einfach nicht ausgebildet. Das wiederum ist ein Vorteil beim Flug, denn sie können da die Beine sehr geschmeidig an den Körper legen und auch im Wasser brauchen sie keine Beinmuskulatur. Aus diesem Grund tun sie sich aber an Land sehr schwer, besonders bei den Starts und Landungen. Wir beobachteten stundenlang – und die Vögel taten uns dabei richtig leid –, wie die Albatrosse anflogen und landen wollten, im letzten Moment aber zögerten und wieder „durchstarteten“. Das mag auch am dichten Gestrüpp gelegen haben, das durch die El-Nino-Regen üppiger und dichter gewachsen war als in normalen Jahren, in denen sie übersichtliche und freie Landebahnen vorfinden. Ebenso mühsam und technisch unschön sind die Starts von den Klippenrändern. Die großen Vögel stolpern mehr als daß sie gehen zum Klippenrand und stürzen sich mit einem einzigen, fast verzweifelten Flügelschlag in die Tiefe, dann beginnen sie zu fliegen und sind in wenigen Sekunden groß,

Seite 97: *Pelikane trafen wir immer und überall. Oft saß ein halbes Dutzend in unserem Dingi und fuhr stundenlang mit. Mir schien, daß sich die Pelikane etwas plump und ungeschickt benehmen. Natürlich sind sie nicht so stolze Segler und Flieger wie die Fregattvögel, aber auch beim Fischen und Jagen gebe ich ihnen schlechtere Noten; sie lassen sich oft aus gut 20 m Höhe einfach aufs Wasser fallen – auf einen Fisch –, schlagen dann ungeschickt, oft sogar seitlich, auf und schlucken mit dem erbeuteten Fisch sehr viel Wasser, das sie dann aus ihrem großen und sehr dehnbaren Kehlsack spucken müssen. Anschließend schlucken sie den Fisch herunter. Ist er giftig – und das ist oft der Fall –, würgen sie die unschöne Beute wieder heraus. Konkurrenten stürzen sich dann oft gierig auf denselben ausgespuckten Fisch und stellen dann auch sehr schnell ihren Fehler fest. So landen oft giftige Fische drei- oder fünfmal in einer Pelikankehle, bevor sie erschrocken und leicht lediert weiterschwimmen können. Auf dem Foto jagen zwei Pelikane ein und denselben Beutefisch.*

Seiten 98/99: *Flamingos trafen wir meist in flachen Lagunen, nur in der kleinen Siedlung Villamil im Süden von Isabela sahen wir sie mitten im Dorf zwischen den Wohnhäusern, Menschen und Autos in großen Pfützen, die sich nach den starken Tropenregen des El-Nino-Sommers 1983 überall gebildet hatten.*

Seite 100 oben links: *Auch Seehunde besuchten oft unser Dingi und fuhren als blinde Passagiere mit. Beim Baden tobten und tollten sie mit uns zusammen im warmen Wasser um die Inti herum wie Kinder, die gerade Ferien bekommen haben.*

Seite 100 unten links: *Gil de Roy kommt vom Langustenfang zurück – das Dinner an Bord ist gesichert. Während es auf Galapagos einen gutorganisierten und effektvollen Naturschutz für alle Tiere an Land und in der Luft gibt, werden Überlegungen für ähnliche Maßnahmen und Gesetze zum Schutz der Tiere und der Umwelt unter Wasser angestellt. Natürlich stoßen solche Überlegungen auf den Widerspruch der Galapagosbewohner, denn sie leben vorwiegend vom Fischfang.*

Seite 101: *Auf diesen seltsam geformten riesigen Korallenkopf stießen wir im Westen der Insel Isabela, in der Bucht von Urbina, etwa 800 m vom Strand entfernt. Diese Korallenblöcke tauchten 1954 plötzlich nach einer tektonischen Hebung des Geländes auf.*

Seiten 102/103: *See- oder Meeresschildkröten, die nicht so groß und schwer werden wie ihre Artgenossen an Land, trafen wir in der Elisabeth-Bay im Westen von Isabela. Sie sind, im Gegensatz zu den Landschildkröten, die nicht oder kaum hören können, sehr geräuschempfindlich. Selbst der leiseste Ruderschlag, das Scharren eines Fußes auf dem Dingiboden oder nur das Klicken einer Kamera veranlaßt sie zu blitzartiger Flucht in tieferes Wasser, wo sie unseren Blicken rasch entschwanden. Seeschildkröten scheinen aber nicht nur scheu, sondern auch besonders neugierig zu sein. Wir konnten beobachten, wie sie sich allen schwimmenden Gegenständen wie Ästen, Mangroven-Blättern oder kleinen Holzstöckchen neugierig näherten und mit ihnen stundenlang spielen konnten. Nachts kriechen die Meeresschildkröten an die Strände, um ihre Eier in den warmen trockenen Sand zu legen.*

Diese kleine Insel liegt in der Elisabeth-Bay und zeigt typische Farben wie Rot, Weiß und Grün. Rot ist die Lava, grün leuchten Algen, Flechten und Buschwerk und weiß ist der Vogelkot, der ganze Felswände wie gekalkt erscheinen läßt. Die Inselkuppe ist mit fast blattlosen Palo-Santo-Bäumen bewachsen. Solche Inseln und Inselchen bieten den Galapagosyachten in ihrem Windschatten herrliche Ankerplätze.

Seiten 106/107: Pinguine am Äquator, das gibt es nur auf Galapagos. Der kalte Humboldtstrom hat sie ebenso wie die Robben irgendwann einmal hierher getrieben. Mit etwa 50 cm Größe gehören sie zu den kleinsten Pinguinen der Welt. Besonders häufig trafen wir diese putzigen Kerlchen im Westen von Isabela und auf Fernandina. Im Wasser erschienen uns die Pinguine schreckhaft und scheu, an Land ließen sie mich dagegen ohne Furcht verhältnismäßig dicht herankommen, wobei man sie nur ganz selten in der Sonne antrifft. Kühler Schatten ist ihr Element, das verärgert natürlich den Fotografen. Die heißen Tagesstunden verbringen die Pinguine fast ausschließlich im Wasser, am Abend bevölkern sie dann aber die Klippen mehr und mehr.

Seite 108: Abend in Punta Espinosa. Dieser Ankerplatz im Nordosten von Fernandina, weit weg von den üblichen Galapagoskreuzfahrtrouten, gehört wohl zu den schönsten des Archipels, nicht zuletzt auch wegen der ausgesetzten Lage gegen Westen hin, denn hier erlebt der Besucher selten schöne Sonnenuntergänge und Abendstimmungen, vor denen sonst fast immer und überall die große und 130 km lange Insel Isabela liegt und den Horizont nach Westen hin versperrt.

stolz und majestätisch, ganz in ihrem Element.
Ihre Eier legen sie hier auf Hood nicht etwa in Nester, sondern einfach irgendwo auf den Boden. Wir beobachteten auch ihren berühmten Tanz; Männchen und Weibchen tanzen mit wiegenden Schritten um einander herum und reiben klappernd – fast fechtend – ihre Schnäbel aneinander. Anschließend verbeugen sie sich voreinander und setzen sich gemeinsam zum Nisten nieder. Unerklärlich, wie sie dann nach zweijähriger Abwesenheit wieder hierher nach Hood zurückfinden und keine andere Galapagosinsel anfliegen. Ein weiterer typischer Charakterzug macht uns die Albatrosse sympathisch: Sie wechseln nach diesen zwei Jahren ihrer Abwesenheit nicht den Partner, die Männchen finden sicher zu ihrem Weibchen zurück und umgekehrt.
Wir könnten Tage hier auf Hood verbringen, nicht nur bei den vornehmen Albatrossen, sondern ebenso auf dem Wasser. Unzählige exotische Engelfische umkreisten unsere Inti im besonders klaren, blaugrünen Wasser, so daß wir über dieses atemberaubende Schauspiel durch die Schnorchelbrille hindurch fast unsere Mahlzeiten an Bord vergaßen.
Am Abend vor Hood sahen wir die erste Touristengruppe überhaupt. Sechs junge Israelis ankerten nicht weit von uns und kurz vor der Dunkelheit kam noch ein Kontrollschiff der Parkverwaltung zum Übernachten in unsere Bucht.

Der Galapagosarchipel ist voller Überraschungen, denn auf fast allen Inseln finden wir ganz unterschiedliche Tierarten, oft leben einzelne Arten nur auf einer einzigen Insel, dann sprechen wir von endemischen Arten. Auch Meerechsen werden nie von einer zur anderen Insel schwimmen, denn zwischen den Inseln lauern Haie. So fanden wir zum Beispiel auf Santa Fe oder Barrington besonders große Landleguane, grellgelb gefärbt unter ganz besonders großen Opuntiakakteen. Nie sah ich größere Echsen, die auf Santa Fe waren bis zu 100 cm lang, und nie größere Kakteen, deren mächtige Stämme über einen Meter Durchmesser erreichen und eine Höhe von 10 m. Diese Echsen werden über 100 Jahre alt und leben fast ausschließlich von den fleischigen und saftigen Blättern der Baumkakteen. Wir beobachteten, wie die Leguane besonders lange Stacheln geschickt mit ihren Krallen aus den Blättern zogen, bevor sie die Blätter gierig ins Maul schoben. Kleine Stacheln dagegen schienen ihnen gar nichts auszumachen. Wahre Leckerbissen sind für die Leguane Kakteenfrüchte, die sie aber nur erwischen, wenn die Früchte runterfallen. Das geschieht höchst selten, da die unzähligen frechen Darwin-Finken sich bereits vorher direkt an den Bäumen bedienen und die Früchte herunterfressen. Wir gaben eine solche Frucht einem besonders großen Leguan, reif und gelb, und ernteten direkt einen fröhlichen, dankbaren Blick von dem Tier, das immer so aussieht, als ob es schmunzeln würde.

Die Ankerbucht von Santa Fe ist landschaftlich und farblich besonders reizvoll: türkisklares Wasser mit Tausenden von bunten Engelfischen, die man bis tief hinunter als Farbklekse sieht, leuchtend weiße Sandstrände, auf denen sich Seelöwen tummeln, schwarze Lavafelsen voller Pelikane, die sehnsüchtig auf unsere Küchenabfälle warteten, und dunkelgrüne Opuntienwälder an den Berghängen im Hintergrund. Gil nannte Santa Fe die Ziegeninsel und erzählte uns, daß Fischer von der nahen Insel San Cristòbal hier zwei Ziegen und drei Böcke ausgesetzt haben, um immer Frischfleisch auf Santa Fe zu finden. Es dauerte nur wenige Jahre, da tummelten sich auf Santa Fe 50 000 Ziegen. Nach der Errichtung des Nationalparks wurden alle Ziegen erschossen – bis auf einen einzigen Bock, der sich heute noch an den unübersichtlichen und schwer zugänglichen Berghängen herumtreibt.

„Dieser Bock", fuhr Gil fort, „hat schon mindestens 6–8 Kugeln in seinem Körper. Eigentlich tut er mir leid. Ich habe im Grunde Ziegen gerne und schieße sie nie zum Sport, sondern immer nur aus der Notwendigkeit, Fleisch zu bekommen. Früher waren das ja unsere Haustiere, ohne sie hätten wir nicht überleben können. Mein Vater hat auch schon Ziegen geschossen als ich noch Kind war. Und da passierte folgendes: Unsere eigene Hausziege war heiß und lockte so die Böcke der ganzen Umgebung an. Die Böcke kämpften miteinander und der stärkste siegte und bekam die heiße Ziege. Dieser wurde das stundenlange Liebesspiel bald zu dumm, sie lockte ihren Bock zum elterlichen Haus. Mein Vater öffnete nur die Tür und schoß. Sofort ging die Ziege wieder fort ins Gelände, angelte sich den nächsten Bock und lockte auch ihn nach dem Liebesspiel vor das Gewehr meines Vaters. Die Ziege hat ganz genau gewußt, was da mit den Böken geschah!"

Der El-Nino-Regen machte uns weiter Kummer. Am Vormittag schwärmten wir noch vom tiefblauen Himmel in der strahlenden Bucht, schwammen und schnorchelten im warmen, klaren Wasser, am Nachmittag sah dann alles ganz plötzlich trostlos grau aus, und der Himmel öffnete wieder seine Schleusen für viele Stunden. Es wurde Zeit, daß

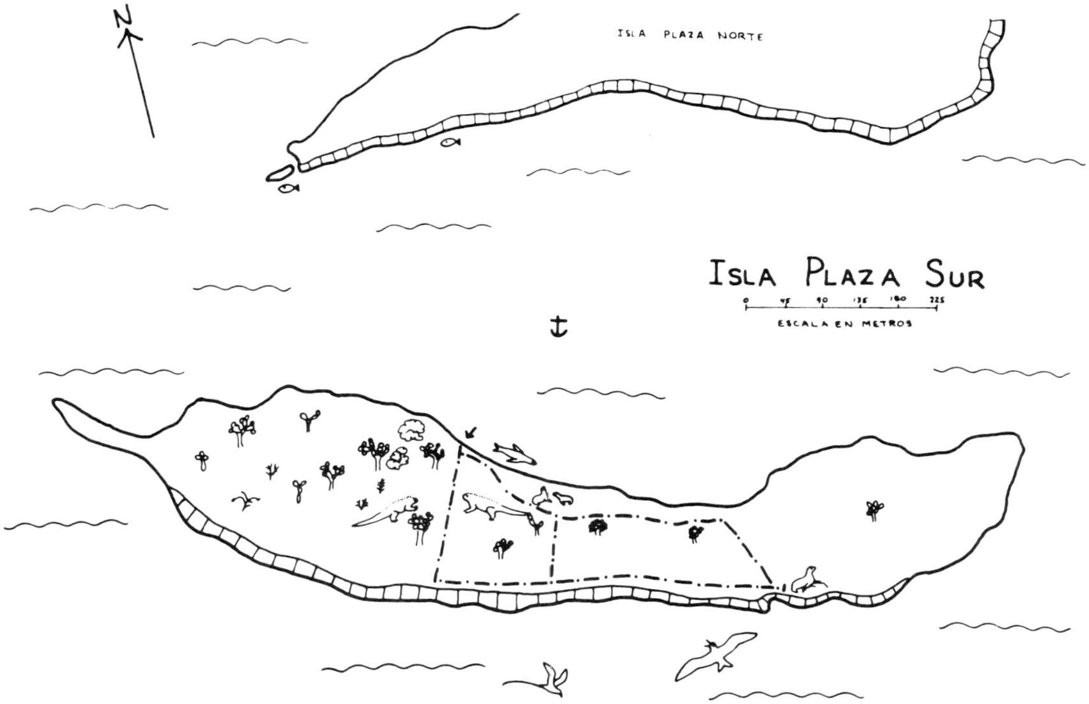

Plaza *kann in 1–2 Stunden von Santa Cruz aus erreicht werden. Hauptattraktionen: Landleguane, Seelöwen, Roter Korallenstrauch. Andere Attraktionen: Upuntia-Kakteen, Tropicvögel, Fregattvögel, Pelikane, Sturmtaucher und Gabelschwanzmöwen. Länge des Weges (Rundweg) 1000 Meter. Minimum Zeit 1 Stunde.*

wir langsam in den Norden fuhren – Richtung Plaza. Das ist eine kleine Insel direkt an der Ostküste von Santa Cruz. Normalerweise ist Plaza eine besonders bunte Insel; überall leuchtet rotes Korallenkraut wie ein gleichmäßiger Teppich, dazwischen stehen einzelne nur mannshohe Kakteen. Plaza ist berühmt für gelbe Landleguane, die hier aber nicht so groß werden wie auf Santa Fe, für Rotfuß- und Blaufußtölpel, für besonders zahlreiche Tropicvögel und natürlich wieder für unzählige Seelöwen. Die Insel hatte sich durch das Wetter völlig verändert; kein rotes Korallenkraut, die Insel war saftig grün geworden und viele der Kakteen hatten sich so voll Wasser gesogen, daß sie unter der Last zusammengebrochen waren. Leguane gab es noch in großer Zahl, nicht aber so viele Seehunde, wie sie mir vom Vorjahr in Erinnerung waren. Damals konnten wir vor Lärm nachts kaum schlafen, während der Dunkelheit kämpften die Seehunde am nahen Ufer ständig um ihre Schlafplätze und stießen sich dabei gegenseitig ins Wasser, fürchterlich laute Schreie ausstoßend! Am Abend fuhren jetzt Gil, Renate und ich mit dem Dingi ohne lärmenden Motor an der Küste entlang, um die Schreie der Seehunde mit dem Tonband aufzunehmen. Das war kein leichtes Unterfangen, denn wir sahen in der tiefschwarzen Nacht so gut wie nichts und ahnten immer nur die Nähe von Seehunden. Dann kamen Rufe – aber aus einer anderen Richtung. Also ruderten wir so leise wie möglich dort hin – nichts. Jetzt kamen die Seehundsschreie von genau der Stelle, die wir eben verlassen hatten.

Plaza ist vielleicht die schönste Galapagosinsel, um die bunten Tropicvögel zu beobachten und zu fotografieren. Tropicvögel mit den leuchtend roten

Schnäbeln und den federartigen langen Schwänzen kann man fast nur in der Luft beobachten, denn sie nisten an Land in Höhlen an den senkrechten Klippen. Aus diesen Felslöchern starten sie blitzschnell und schwirren meist in ganzen Verbänden in riesigen Kreisen laut zwitschernd und krakeelend über das Meer. Der Verband – oft bis zu 10 Vögel – kommt dann wieder dicht an den Klippen vorbei. Plötzlich löst sich ein Vogel aus der Gruppe und flattert auf sein Felsloch zu. Etwa einen Meter vor dem Ziel stoppt der Tropicvogel in der Luft abrupt, steht eine Sekunde lang im Flug fast still und verschwindet dann in der Höhle. Diese Sekunde muß der Fotograf zum Fokussieren und „Schießen" nutzen. Leider hat uns ein wahrer Wolkenbruch allzufrüh von Plaza vertrieben. Ganze Sturzbäche von lehmiggelbem Wasser ergossen sich von der nahen Insel Santa Cruz ins Meer, so daß auch das sonst türkisblaue saubere Wasser eine gelbe, schmutzige Farbe annahm. Gil zog den Anker hoch, warf den Schiffsdiesel an und stand trotz des Regens bei der Abfahrt in Richtung Kanal lange draußen auf dem Deck – fasziniert schaute er auf die mächtigen Wasserfälle: „Da schaut, so etwas hat es seit Menschengedenken hier nicht gegeben!" Im Kanal passierten wir die Fähre, die jeweils vor und nach Flugzeuglandungen Santa Cruz und Baltra verbindet, und sahen Steve am Landesteg warten. Steve hatte viel Gepäck dabei: Lebensmittel für uns, frische Bananen und eine volle Gasflasche für Anitas Küche – und seine Gitarre!

Steve ist ein relativ schweigsamer Mensch, nur selten erzählte er von seiner kleinen Farm oben in den regennassen Bergen von Santa Cruz. Aber am Abend taute er immer auf und spielte wunderschön Gitarre. Dazu sang er meist etwas melancholisch klingende amerikanische und spanische Lieder. Steve erzählte uns auch, daß die Busfahrer sehr nervös seien, denn man wisse nie, wie lange die einzige Straße von Puerto Ayora zum Flugplatz noch offen sei. Ständig sei mit Erdrutschen zu rechnen und in Puerto Ayora habe man den Ausnahmezustand ausgerufen.

In Ecuador und speziell auf den Galapagosinseln gibt es recht komplizierte Gesetze und Bestim-

Steve möchte uns auf den Alcedo führen.

mungen für die Seefahrt. Wir durften Steve nicht an Bord nehmen, ohne einen Hafenkapitän davon in Kenntnis zu setzen. Deshalb tuckerten wir zunächst in den winzigen Hafen von Baltra, wo Steve in die Bootspapiere und andere gewichtige Bücher eingetragen wurde, und zahlten eine Menge Geld an Hafengebühren. Dann zeigte unser Kurs nach Nordwest. Bald schon tauchte vor der Insel James eine kleine Insel mit den Umrissen eines chinesischen Reisarbeiterhutes auf – Sombrero Gino.

Zwischen dem „Sombrero“ und James fiel der Anker auf den Grund. Anita bereitete einen gut 70 cm langen Fisch, einen Wahoo, den Steve kurz vor dem Einlaufen in unseren „Hafen“ gefangen hatte, zum Abendessen vor und warnte uns vor einem Bad, da sie gerade frische blutige Abfälle über Bord geworfen hatte: „Wartet einige Minuten, jetzt sind noch die Haie da!“ Gil schlug solche Warnungen meistens in den Wind und sprang ins Wasser: „Die sind nur im Film so böse, wir haben als Kinder ständig mit Haien gespielt, uns beim Schwimmen an sie gehängt oder sie schlafend am Strand überrascht. Nur wer so dumme Filme wie den ‚Weißen Hai‘ sieht, fürchtet sich vor ihnen!“ Also sprangen auch Renate und ich in die herrlich warmen Fluten und umschwammen unsere Inti vor dem köstlichen abendlichen Fischgericht. Gil hat eigentlich nur vor Walen etwas Respekt, nachdem er beim Baden oft mit ihnen gespielt hat: „Wale kommen mit dem kühlen Humboldtstrom regelmäßig zu uns, in diesem Jahr ist es aber einfach zu warm für sie. Es sind gut 7–8 m lange Pilotwale, die es lieben, sich von uns Menschen am Maul streicheln zu lassen. Dann halten sie ganz still. Ihr müßt wissen, daß Wale besonders neugierig sind und lange ein fremdes Boot bestaunen können. Dabei ist mir einmal ein Pilotwal mit dem Maul an die sich drehende Schiffsschraube geraten. Das hat ihn derart erschreckt, daß der Wal sich mit einem blitzschnellen Schlag gedreht hat. Seine Flosse schlug dabei so gegen die Inti, daß ich an einen Kanonenschlag oder einen Torpedoeinschuß dachte. Zuerst glaubte ich, die Inti wird kentern, aber es ging alles noch einmal gut!“

„Mit dem Essen kommt der Appetit“, sagt ein bekanntes Sprichwort, und frischer Wind, viel schwimmen und ausgedehnte Inselbesuche mit einer immer schweren Fotoausrüstung sorgen für Hunger. Deshalb fuhren wir an jenem Abend vor Sombrero Gino bei Dunkelheit mit dem Dingi hinaus zum Langustenfang. Steve und Gil nahmen ihre Brillen, Flossen, Lampen und Messer mit und verschwanden vor der Lavaküste fast lautlos im schwarzen Wasser. Nur hier und da leuchteten ihre Lampen gespenstisch auf; mal direkt neben dem Boot, dann wieder weiter weg. Plötzlich tauchte eine Gummihand neben dem Dingi aus dem Wasser und schleuderte eine wild um sich schlagende Languste über Bord in unser Dingi, so daß der harte Panzer laut auf die Holzplanken krachte und Renate erschrocken ihre nackten Füße hochriß. Schon waren die Taucher wieder verschwunden und wir konnten den Lampenschein im Wasser suchen sehen. In einer halben Stunde lagen sechs fette Langusten zu unseren Füßen, das reichte für den nächsten Tag. Die Langusten werden etwa zwei Meter unter der Wasseroberfläche mit Handschuhen direkt aus Felslöchern gezogen.

Zwischen den Galapagosinseln treiben sich viele hauptberufliche Langustenfischer vom Festland herum. Sie schleppen einen Kompressor mit langen Schläuchen für die Sauerstoffversorgung unter Wasser mit, Speere gegen Haie, Masken und Flossen und Taucheranzüge. Aber Gil meinte, er würde ihrer Technik nie trauen. Plötzlich fällt oben ein Kompressor aus, weil er nie oder schlecht gewartet wurde, und dann kommt es eben zu einem Unfall, wie damals, als ein Langustenfischer in einer Höhle steckte, als die Luftzufuhr plötzlich versagte. Der Mann versuchte durch ein Felsloch nach oben zu gelangen, er brachte seinen Oberkörper durch die zu schmale Öffnung und blieb dann mit dem Becken stecken. Aus! Tot!

„Wißt ihr, daß diese Männer ständig unter Lebensgefahr arbeiten und für eine gefangene Languste 25 Sucre (= 0,75 DM) bekommen. Das Pfund Langusten wird dann von den Bootseignern für 5 U$ in die USA weiterverkauft und in einem Nobellokal in New York beispielsweise blättert der Gast dann 50–60 Dollar für sein Langustenessen auf den Tisch!“

Hier auf Sombrero Gino habe ich besonders viele Geisterkrabben in herrlichsten Farben beobachtet und fotografieren können. Besonders eindrucksvoll waren sie im späten Abendlicht und während ich in der seichten Brandung auf der Lauer lag und mir die Knie an der scharfen Lava aufriß, weil die schnellen Krabben immer wieder aus meinem Kamerasucher flitzten, erzählte Gil unermüdlich seine Geschichten. Über jede Insel weiß er so viel, daß er Bücher nur mit Anekdoten füllen könnte: „Hier auf Sombrero Gino fand ein Ecuadorianer, der auf der Militärbasis Baltra einen Job hatte, eine Kiste mit 24 Flaschen Rum in einer Höhle. Das war echter Jamaica-Rum, beste Sorte. Der gute Mann lud seinen Fund auf sein Boot und fuhr los nach Santa Cruz. Dabei hat er alle 24 Flaschen alleine ausgetrunken. Schließlich lag der Mann volltrunken an Deck und andere Kapitäne steuerten ihre Schiffe vorsichtig um das treibende Boot herum. Sie sahen den Mann und glaubten, er schläft nur seinen Rausch aus – in Wahrheit war der Mann tot!“

Inseln im Norden

Einen makellos blauen Himmel erlebten wir auf der Ostseite der Insel James, an deren Küste es viele attraktive Ankerplätze mit unzähligen Tierbeobachtungsmöglichkeiten gibt, in der berühmten und landschaftlich spektakulären Bucht von Bartolomé. In der rotbraunen wüstenhaften Lava von Bartolomé leuchten nur ab und zu kleine Kakteen in der Morgensonne, herrlich filigran im Gegenlicht. Diese Kakteen zeugen von einer unbeugsamen Kraft und Genügsamkeit der Natur, sich auf trostlosestem Boden, der hier an einen fremden Stern erinnert, zu behaupten. Kakteen sind die Erstbesiedler von solchen Lavafeldern und Schutthalden. Das winzige Samenkorn kann auch in trockenem Staub Leben entwickeln, und wenn eine kleine Pflanze entsteht, zieht diese aus der Luft Feuchtigkeit an, nicht durch die Wurzeln wie normale Pflanzen. Die Feuchtigkeit wandert durch den Kaktus nach unten in die Wurzel und nimmt „unterwegs“ Mineralien aus der Pflanze mit. Diese Mineralien werden aus der Wurzel in den Boden geleitet und zersetzen dort die harte Lava, sie verdauen sie sozusagen. Dabei entsteht Humus. Nach diesem Prozeß saugt die Kaktee die Mineralien wieder auf und wächst so langsam größer und größer – ein faszinierendes Beispiel für die Anpassung der Arten an schwierigste Umweltbedingungen.

An Bord der Inti war Hochbetrieb bei diesem herrlichen Wetter; ein ganzes Dutzend Pelikane war auf Besuch gekommen und wartete neugierig in unserem Beiboot auf Gils Fischereierfolge. Fische, die zu klein für die Pfanne waren, warfen wir den gierig schnappenden Pelikanen zu. Die Pelikane fingen auch selbst Fische, oft sogar giftige, die sie schon halb verschluckt hatten, bevor sie den Irrtum merkten. Dann würgten sie die Fische wieder heraus, so daß diese munter weiterschwimmen konnten! Hoch oben kreisten stolze Fregattvögel und beobachteten die jagenden und fischenden Pelikane sehr genau und ein wenig eifersüchtig. Am eindrucksvollsten waren immer wieder die Sturzflüge der Tölpel, die sich aus großen Höhen senkrecht wie ein Geschoß ins Wasser stürzen und damit ihre Beute völlig überraschen. Nur eine Meile von dem berühmten Ankerplatz Bartolomé entfernt liegt das faszinierendste Lavafeld der Galapagosinseln auf James. Die Lava ist hier nur hundert Jahre alt und besonders hart. Überall sind deutliche Fließspuren zu erkennen, zu Stein gewordene Blasen, kleine Explosionskrater und dazwischen sogar Glaslava, wie ich sie schöner nirgends sonst auf der Welt gesehen habe. Ab und zu etwas spärliches Grün, und schon ist die Welt voller Leben: freche Spottdrosseln, bunte Schmetterlinge und unruhige Grashüpfer.

Ein anderes Schiff gesellte sich zu unserer Inti, die Charlotte von Fritz Angermeyer. Gil wußte natürlich, daß es dort einen Kühlschrank gab und so „gingen“ wir auf ein kühles Bier hinüber. Fritz Angermeyer, ein Sohn der Hamburger Auswandererfamilie, hat die Charlotte mit 10 Kabinenplätzen erst kürzlich für 120 000 U$ in Kalifornien gekauft und fährt heute auch Charter. Es war erstaunlich zu beobachten, wie hier alle Bootseigner Konkurrenten im harten Chartergeschäft sind – und in Wahrheit doch beste Freunde. Einer hilft dem anderen, fährt ihn auf seinem Dingi hin und her, unterstützt den „Konkurrenten“ mit Lebensmitteln und Frischwasser und freut sich immer wieder riesig über das Zusammentreffen mit den anderen Gringos. Heute war der erste völlig klare Tag von Sonnenaufgang bis zum Untergang, und spät am Abend strahlte der Große Wagen zu uns nieder, und ihm genau gegenüber das Kreuz des Südens in der Milchstraße. Zwei Dutzend Delphine begleiteten uns spielend über den Äquator nach Norden. Sie kamen bis auf einen Meter an die Inti heran und sprangen in Abständen von höchstens 30 Sekunden mit unvorstellbarer Kraft aus dem Wasser, gute zwei bis drei Meter weit. Es war stürmisch und wir fuhren unter vollen Segeln mit großer Geschwindigkeit einem neuen Galapagoshöhepunkt zu. Unser Ziel war Tower, über acht Stunden von James entfernt. Tower ist eine ganz flache Insel, nein, ein ins Meer abgesackter Krater, der an einer Stelle zum Meer offen ist, ein kleines Santorin. Normalerweise bildet dieser Krater eine sehr geschützte Bucht, aber bei unserer Ankunft stürmte es gewaltig. Auch vor Anker schaukelte und riß die Inti an ihren Ketten, beängstigende Geräusche dröhnten durch den Schiffsrumpf. Wir alle schliefen unruhig. Plötzlich war da ein Schlag wie ein Gewehrschuß. Die Inti begann sich zu drehen. Der Achternanker war gerissen! Würde der vordere Anker halten? Steve und Gil waren längst mit

Tower *(schönster Beobachtungsplatz für Bindefregattvögel). Hauptattraktionen: Nistplätze für Fregattvögel, Maskentölpel, Rotfußtölpel. Andere Attraktionen: Seelöwen, Lava-Möwen, Finken, Tropicvögel. Länge des Weges (ein Weg) 750 Meter. Minimum Zeit 90 Minuten.*

Lampen auf Deck, bedrohlich nahe war die Felsenküste zu erkennen. Wenn uns der Sturm da in die Klippen treiben würde, wäre die Inti verloren – aber der Vorderanker hielt. Gleich nach dem Hellwerden war Gil im Wasser und tauchte so lange, bis er seinen Achternanker bergen konnte. Der Sturm ließ nach.

Tower ist das große Paradies der Bindefregattvögel, die hier zu Tausenden über uns kreisten, der ganze Himmel schien in Bewegung zu sein. Überall diese stolzen Segler! Und an Land ein unbeschreibliches Farbspektakel; wie ungezählte rote Luftballone leuchteten überall die aufgeblasenen Kehlsäcke der Männchen im grünen Geäst der Palo-Santo-Bäume. Die Fregattvogelweibchen haben eine deutlich erkennbare weiße Brustkrause. Sobald eine solche weiße Brust in der Luft auftauchte, rissen die balzenden Männchen ihre Köpfe in die Luft und bliesen ihre werbenden Säcke noch größer auf, und ihr Balzgeschrei, begleitet von nervösem Flügelschlagen und Schnabelklappern, hörte sich an wie ein tobendes Fußballstadion während eines Endspieles. Jeder wollte der Schönste sein, jeder wartete auf eine Braut! Sobald sich dann ein Weibchen entschieden hatte und neben ihrem kehlsackgeschmückten Männchen landete, begann eine regelrechte Schmuserei. Das Weibchen rieb seine leuchtende Brust am Hals und am Kehlsack des Auserwählten. Dann begann sofort der gemeinsame Nestbau, wobei sie sich gegenseitig Äste und Stöcke stehlen. Oft bringen die Weibchen schon beim ersten Besuch kleine Hölzchen als Hochzeitsgeschenk mit, das wird von den erregten Männchen dann mit aufgeregtem Flügelschlagen und schnarrenden Geräuschen sehr begrüßt.

Einzigartig waren die Tage auf Tower und ebenso einzigartig die Abende auf der Inti; wir durchfuhren noch spät den nachtdunklen Krater von Tower, und um unser Boot funkelten Millionen grüne Sterne aus dem Wasser. Was für ein Feuerwerk! Es handelte sich um winzige Planktontierchen, die sofort anfangen zu leuchten, wenn sie beunruhigt werden. Dieses romantische und unheimliche Leuchten, es könnte aus einer Sience-fiction-Welt stammen, sahen wir nicht nur in unserem eigenen Fahrwasser und ganz stark hinter der Schraube, sondern auch dort, wo Seelöwen unser Boot spielend umschwammen. Wie U-Boote mit einem Phosphorkranz sah das aus. Und Steve hatte seine Gitarre zur Hand – es gibt noch Paradiese auf unserem guten Planeten!
Vielleicht ist es gut, daß wir nicht alle Situationen und Stimmungen in nüchterne Fotografie umwandeln können, kein Foto würde diese Stimmung so zeigen, wie wir sie erlebt haben. Auch ein Fotograf sollte das mit innerer Genugtuung erkennen. Ganz ähnlich erging es mir, als ich mein erstes Polarlicht in einer sternenklaren, kalten Nacht im Norden erlebte. Vorher hatte ich viele gute Fotos von diesem Naturereignis gesehen, jetzt wußte ich, daß alle Bilder schwach waren, viel zu schwach gegenüber der Wirklichkeit.

Inseln im Westen

Die Elisabeth-Bay liegt im Westen der großen Vulkaninsel Isabela. Hier fuhren wir in einen regelrechten Mangrovenwald hinein, Mangroven als Baumriesen mit Stämmen bis zu 15 Meter Höhe gibt es hier. Elegante Schwimmer umgaben unser Boot in diesem Dschungelkanal; Seeschildkröten. Sie waren sehr neugierig, aber unglaublich geräuschempfindlich. Der leiseste Ruderschlag oder nur ein Scharren unserer Füße im Boot hatte sie zu blitzartiger Flucht bewogen. Wir wagten kaum zu atmen, und selbst das relativ leise Klicken meiner Leica störte. Eine Schildkröte, vielleicht 60 cm groß und mit einem herrlich gezeichneten Panzer, fraß unmittelbar neben unserem Boot eine schwimmende Mangrovenfrucht und spielte mit ihr wie ein Kind mit einem kleinen Holzschiffchen. Das klare Wasser ließ gute Fotos bis ein Meter Wassertiefe zu und Gil erzählte uns, daß er nie bei so ruhigem Wetter, keine Brise kräuselte die Oberfläche um nur einen Millimeter, hier so viele Seeschildkröten erlebte. Immer neue kamen heran, ältere, schlammig aussehende mit riesigem Panzer, dann wieder kleinere Weibchen, die besonders farbig sind und einen fast hellgelben und braunen Panzer haben. Wir sahen eine Schildkröte mit abgebissener Vorderflosse, vermutlich war das eine Begegnung mit einem Hai. Aus dem dichten Mangrovenunterholz hörten wir Seelöwen brüllen, dann war es plötzlich wieder ganz still.

Der Westen von Galapagos ist besonders reizvoll, auch weil es hier keine Touristen gibt. Die Entfernungen sind für einwöchige Charterfahrten zu groß, deshalb erscheint der Archipel hier noch urweltartiger. Es gibt auch an der gesamten langen Westküste von Isabela keinen einzigen Fischerhafen. An diesem Nachmittag hatten wir regelrechtes Anglerpech, nichts kam in Anitas Pfanne. Zunächst biß ein völlig ungenießbarer Fisch an den Haken, dann ein Junghai, gute 90 cm lang. Renate und ich erschraken, für Gil war das nichts Ungewöhnliches. Trotzdem, ein Hai ist eben doch ein Hai. Gil wollte vorsichtig den Blinker aus dem Haimaul entfernen, dabei riß die Nylonschnur, der Hai verschwand mitsamt unserem Blinker. Wenige Minuten später biß ein weiterer winziger Fisch an: „Ungenießbar" war Gils Kommentar, „mach, daß du fortkommst, zurück ins Wasser!"

Dann hing der nächste Hai am Haken, ein Baby, vielleicht 60 cm lang. Aber ein einziger Biß würde ausreichend sein, um einen Finger wegzuschnappen! Das Tier hatte sich so unglücklich in unseren Blinker verbissen, daß wir keine Möglichkeit sahen, den Junghai zu befreien. Unsere Finger und Hände wollten wir nicht riskieren – wie hätte ich ohne sie weiter fotografieren können! Deshalb legten wir sehr vorsichtig eine Seilschlinge um die wild um sich schlagende Schwanzflosse und zogen das relativ schwere Tier aus dem Wasser. Als uns die haßerfüllten, wütenden Augen des Unglücklichen trafen, bekamen wir alle ein schlechtes Gewissen. Mitleid erfüllte uns und ganz besonders Gil: „Es wird nicht lange dauern", tröstete er das zum Tode verurteilte Tier. Selbst wenn wir den Blinker aufgegeben und die Schnur gekappt hätten, gäbe es für den Hai keine Überlebenschance mehr. Er wäre unter entsetzlichen Schmerzen und Qualen gestorben. Helfen konnten wir eigentlich nur, indem wir diese Qualen verkürzten. Wir schleppten den Hai zu einem nahen Mangrovengebüsch und hingen ihn über dem Wasser an der Schwanzflosse an einen kräftigen Ast. „Es wird nicht lange dauern", wiederholte Gil seinen Trost. Wir fuhren davon, um nach zwanzig Minuten zurückzukehren. Der Hai hing jetzt reglos am Ast, er war besinnungslos, in wenigen Minuten würde er sterben. Jetzt hatte er nicht mehr die Kraft zuzubeißen, und Gil konnte gefahrlos den Blinker zwischen den scharfen Zähnen hervorbrechen. Er ließ ihn achtlos fallen und schaute nur auf das sterbende Tier. Plötzlich erschrak Gil, aus lauter Mitgefühl und Schuldbewußtsein hatte er vergessen, daß die Nylonleine längst gekappt war. Der zweite Blinker – unser letzter – war fort. Nachdem wir den toten Hai dem Wasser übergeben hatten, tauchte Gil lange vergeblich nach dem teuren Blinker, er sah ihn tief in einer so engen Lavahöhle eingeklemmt, daß es für uns keine Möglichkeit einer Bergung gab.

Überall im Westen trafen wir auf Galapagos auch Pinguine, die mit 50 cm Länge zu den kleinsten Pinguinen überhaupt gehören. Sie sind irgendwann einmal mit dem kalten Humboldtstrom aus der Antarktis hierher an den Äquator gekommen. Sie trieben sich während der heißen Tageszeit meistens im Wasser herum, fischten und waren sehr scheu, wenn wir ihnen beim Schwimmen begegneten. Anders verhielten sich die putzigen Tierchen am Abend in den Felsen, da fühlten sie sich anscheinend sicherer und ließen uns ohne Furcht bis auf wenige Schritte herankommen. Gar nicht leicht, sie gut zu fotografieren, weil die Pinguine gerne kühle, schattige Plätze aufsuchen und nur sehr selten im Sonnenlicht verweilen.

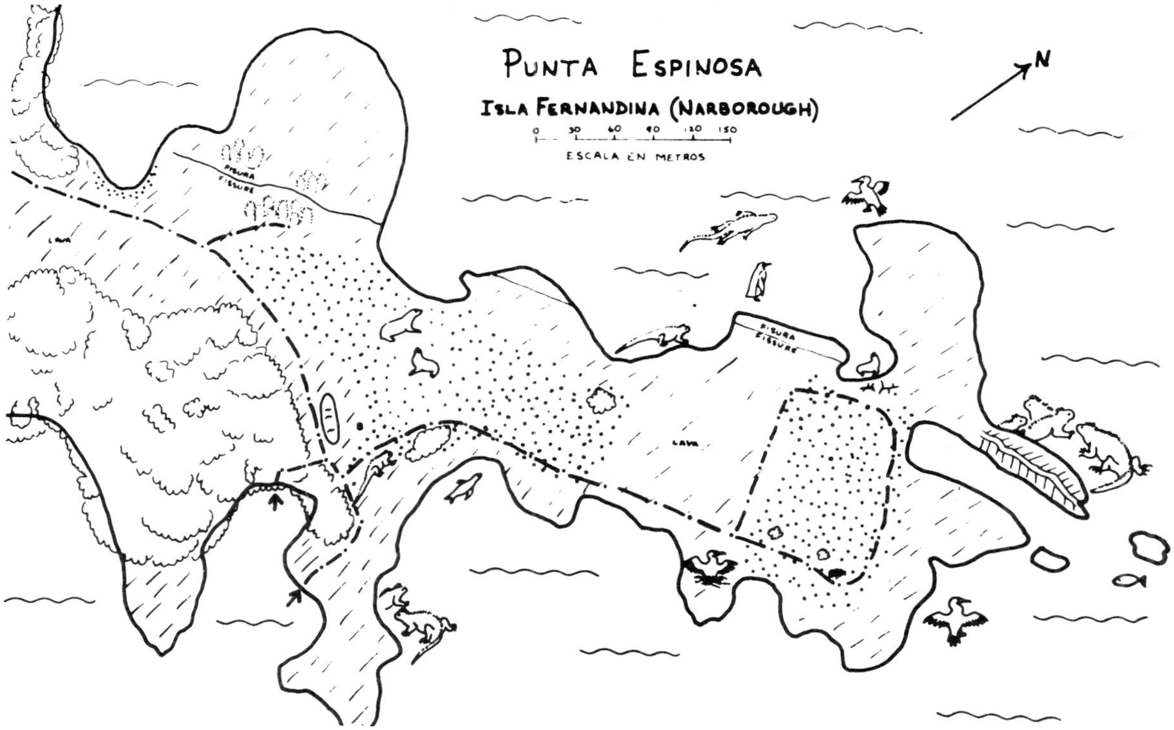

Fernandina – Punta Espinosa
Hauptattraktionen: Flugunfähige Kormorane, Meerechsen, Brachycereus Kakteen.
Andere Attraktionen: Pinguine, Seelöwen, Felsenkrabben, Galapagos Bussard, Landleguane.
Länge des Weges (Rundweg) 250 Meter.
Zur Lava (ein Weg) 700 Meter.
Minimum Zeit 30 Minuten.

Als einen der schönsten Ankerplätze im westlichen Archipel empfand ich Punta Espinosa an einer kleinen Landzunge im Norden der Insel Fernandina. Dabei handelt es sich um ein weites Lavafeld, einen Vulkanausläufer, mit stillen Mangrovenlagunen. Wir trafen bei unserem Landgang auf Pinguine, Kormorane und viele Seelöwen. Natürlich gab es auch wieder unzählige Meerechsen, die hier durch besonders viele Algen, die an ihren dunklen Leibern klebten, richtig grüngefärbt aussahen. Diese Färbung wurde von der Abendsonne noch unterstrichen und oft hatte ich den Eindruck, da funkelt Phosphor aus den Urwelttieren. Nie vorher konnten wir flugunfähige Kormorane so gut beobachten wie hier. Der Kormoran hat hier auf Galapagos keine Feinde, er muß nie plötzlich fliehen. Darin liegt wohl auch der Grund für seine Flugunfähigkeit, seine Flügel haben sich zu albernen Stümpfen zurückgebildet, dafür hat sich die Muskelkraft auf die Schwimmuskeln konzentriert. Steigt der Kormoran aus dem Wasser, dann sucht er sich zunächst einen geeigneten Platz in der Sonne und hält seine Flügelstümpfe so geschickt in den Wind, daß sie in kürzester Zeit trocknen.

Auf Punta Espinosa brüteten viele Kormorane. Da hockten die Weibchen auf den Eiern und erwarteten ihre Männchen mit Baumaterial. Kamen diese ohne Zweige, dann wurden sie kalt abgewiesen! Brachten sie aber Äste oder Gräser mit, dann wurde das Nest während des Brütens sofort vergrößert und verfeinert, und beide Partner rieben ihre Schnäbel aneinander. Die Kormorane störten sich nicht an unserem Besuch. Im Gegenteil, als Renate auf Knien langsam an ein Nest heranrutschte und dem neugierig schauenden Weibchen kleine Hölzer

anbot, wurden sie sofort angenommen und im Nest verarbeitet. Gil erzählte uns, daß er als Kind zusammen mit seiner Schwester Tui richtige Wettbewerbe veranstaltet hat. Die Geschwister sammelten fleißig Baumaterial und übergaben es den Weibchen und die bauten dann munter drauflos und ihre Nester wuchsen größer und größer zu regelrechten Burgen an.
Am Strand von Punta Espinosa standen kreisrunde Mangrovenbüsche. Wir sahen nur einige Löcher und Gänge, die in das Dickicht hineinführten. Aber drinnen hörten wir Seelöwen schimpfen, fauchen und rumoren. Erst am Abend kamen die faulen Gesellen schwerfällig aus ihren schattigen Schlafplätzen und watschelten etwas unbeholfen – vom vielen Schlafen noch recht müde – zum Wasser hinunter, wo sie dann beim Eintauchen zu geschickten und schnellen Schwimmern wurden. Direkt neben der Brandung lag eine Kuh mit einem neugeborenen Seelöwenbaby, die Reste der Plazenta hingen noch an dem wenige Stunden alten Tier. Und schon waren hungrige Zeitgenossen da, wie Krebse, Meerechsen und Möven, die sich von dem blutigen Leckerbissen große Brocken herauszogen. Über dem Platz kreisten Galapagosbussarde und warteten nur auf unser Verschwinden. Das Seehundbaby versuchte sofort zu saugen, die Mutter schien von der Geburt noch sehr geschwächt und nahm gar keine Notiz von uns. Gil erzählte uns dann, daß er bei einer solchen Geburt einmal beobachten konnte, daß ein Baby noch fest in der Fruchtblase eingeschlossen war. Der erste gierige Bussard stürzte sich auf Mutter und Kind und riß die Fruchtblase auseinander. So wurde das Baby gerettet, ohne diese Fremdhilfe wäre es sicher erstickt! Es ist auf Galapagos relativ leicht, solchen

Seite 121: Aufbruch zum Alcedokrater im ersten Morgenlicht. Steve (vorne) und Renate schleppen ihre schweren Rucksäcke mit Wasservorräten für einige Tage durch Grasland dem Vulkan entgegen. Fast blattlose Palo-Santo-Bäume bieten kaum Schatten. Der Weg hinauf zum Alcedokrater ist normalerweise in 5 bis 7 Stunden zu bewältigen. Aber in diesem El-Nino-Sommer war alles anders: Die Vegetation explodierte förmlich unter dem ständigen Tropenregen, so daß der schmale Pfad in ihr verschwand. So suchten wir lange vergeblich nach Spuren eines Weges und waren gute 12 Stunden bis zum Kraterrand unterwegs.

ESSL

Seiten 122/123: Alcedospinnen bauen ihre klebrigen Netze zwischen Buschwerk und unter Palo-Santo-Bäumen wie echte Barrikaden für den schwitzenden Wanderer. Die erstaunliche Festigkeit der Spinnenseide, die aus speziellen Drüsen am Hinterleib der Tiere gepreßt wird, entspricht der Festigkeit von Nylon. So kann zum Beispiel ein Lauffaden bis zu 80 km Länge freihängen, bevor er durch sein eigenes Gewicht reißt. Die festen Netze sind fast unsichtbare, heimtückische Fallen beispielsweise für Grashüpfer, die mit gewaltiger Kraft bis in Gesichtshöhe in die Netze springen und damit verloren sind. Sofort nach so einem Todessprung kommt die Spinne von ihrem Beobachtungsposten und beginnt ihr mörderisches Werk an dem Beutetier. Ab und zu sahen wir aber auch besonders große und kräftige Grashüpfer, die solche Spinnennetze einfach durchsprangen.

Seite 124: Marsch durch den regennassen Urwald am Rande des Alcedokraters (Renate). Oft muß Steve den Pfad mit seiner Machete aus dem Dickicht schlagen. Der El-Nino-Regen rinnt ohne Pause, aber den Schildkröten scheint die Nässe zu gefallen. Sie suhlen sich (Seite 125) in Pfützen und Schlamm und begrüßen uns jedesmal mit einem seltsamen Zischen. Dabei ziehen sie ihren langen schlangenartigen Kopf tief unter den schützenden Panzer.

Seiten 126/127: Nach zweitägigem Dauerregen kommt endlich wieder die Äquatorsonne durch und wir kommen doch noch zu unseren Schildkrötenbeobachtungen. Hier haben wir einen guten Größenvergleich zwischen Mensch und Tier. Die Schildkröten messen um die Körpermitte herum über 200 cm, die Schale über den Rücken 120–130 cm. Die Tiere wiegen 300 kg und mehr. Unmittelbar in unserer Zeltnähe beobachteten wir mehr als ein Dutzend Riesenschildkröten.

Seiten 128/129: Im El-Nino-Sommer 1983 war der Alcedokrater besonders grün und urwaldartig bewachsen. Vor uns taucht der Geysir im Kraterrand auf, es sind aber noch 3–4 Stunden Weg dorthin. Tui de Roy Moore schreibt in ihrem Galapagos Bildband, daß auf dem Alcedo Vulkan die größte Population von Riesenschildkröten mit drei- bis viertausend Tieren existiert.

Seiten 130/131: Die Riesenschildkröten haben einen fast schlangenähnlichen Kopf, den sie hoch recken können, um Blätter von Bäumen und Büschen zu zupfen. Erst wenn sie unsere Bewegungen bemerken, ziehen sie ihn laut zischend unter den Panzer. Sie hören so gut wie nichts, deshalb tut der Beobachter gut daran, sich ihnen langsam von hinten zu nähern.

Seite 132: Bei unserem kurzen Marsch über den Kraterrand des Alcedo trafen wir auf ca. 70 Riesenschildkröten. Ähnliche Schildkröten, so berichtet Tui de Roy Moore, gab es vor mehreren hunderttausend Jahren auf den meisten Kontinenten der Welt. Sie starben aus, aber vorher hatten einige von ihnen Galapagos erreicht – und nur dort überlebt!

Ereignissen beizuwohnen, weil Geburten immer durch aufgeregt kreisende Fregattvögel, Pelikane, Bussarde und Möven angezeigt werden.
Schon vier bis fünf Stunden nach der Geburt zerrte die Seelöwenmutter ihr Baby ins Wasser. Es mußte schwimmen lernen, denn Land ist nicht ihr Element. Das Baby schrie entsetzlich und krabbelte beleidigt und enttäuscht von dieser brutalen Welt, auf der es nun seit wenigen Stunden lebte, unbeholfen ans Land zurück – aber die Mutter packte es direkt am Schlafittchen und stieß es zurück ins Wasser. So ging das stundenlang hin und her, bis sich das Neugeborene im Wasser immer sicherer fühlte.
Wir blieben einige Tage hier und lernten schnell die Tiere der Landzunge kennen – und sie vermutlich auch uns. Immer wieder gingen wir zu „unseren" Kormoranen, halfen ihnen beim Rohbau und auch beim Innenausbau ihres Nestes, und staunten über den Instinkt dieser Vögel; das Kormoranweibchen bewegte ständig die beiden bebrüteten Eier und drehte sie im Nest um. Das ist sehr wichtig, weil sonst das Eigelb an der Schale kleben bleiben könnte. Wenn die Sonne tief stand, kam Bewegung in die Seelöwenhöhlen unter den Mangroven, und ganze Familien gingen miteinander in die seichten Lagunen zu übermütigen Spielen und Rauferei. Einmal konnten wir beobachten, wie ein junger Seehund stundenlang mit einem Stoffetzen spielte wie bei uns Kinder mit Puppen. Die anderen Teenagerseehunde wollten ihm diesen Stoffetzen ständig abjagen.
Die Meerechsen begannen wieder im Abendlicht zu leuchten und warteten auf den Besuch der feuerroten Geisterkrabben, die bald kamen, um ihnen die lästigen Zecken aus der Haut zu ziehen.

Gil freute sich ebenso immer auf längere Aufenthalte und angelte fleißig für unsere Küche. An diesem Abend kam er mit einem leckeren Dorado nach Hause und hatte einen zweiten Fisch von beachtlicher Größe für die wartenden Pelikane und Fregattvögel mitgebracht. Er schnitt ihn in kleine Stücke und warf sie 6–8 Meter hoch in die Luft. Die geschickten Fregattvögel fingen die Leckerbissen im Flug, aber dann begannen sie immer eine wilde Jagd. Zwei oder drei Fregattvögel nahmen die Verfolgung des erfolgreichen Fängers auf und versuchten abwechselnd, ihm die Beute wegzuschnappen. Wir konnten beobachten, daß der erste Fregattvogel sein Stück Fisch vielleicht aus Angst fallen ließ, ein zweiter Vogel schnappte es und wurde prompt von einem dritten so gejagt, daß auch er den Fisch auslies. Erst der vierte Fregattvogel schnappte und schluckte Gils Geschenk. Ließen die geschickten Fregattvögel doch mal einen Bissen ins Wasser hinunterfallen, dann waren die Pelikane die lachenden Dritten bei diesen Luftkämpfen.

Von Fernandina fuhren wir direkt nach Norden, erneut über den Äquator und erreichten Punta Albemarle, das Nordkap der Insel Isabela. Da standen im Abendlicht häßliche Ruinen von militärischen Anlagen. Die Amerikaner hatten hier während des Zweiten Weltkrieges eine Radarstation. Wir sahen noch viel Beton, Reste einer Hafenanlage und dahinrostende Süßwassertanks. Zwischen den betonierten und rostenden Zivilisationsresten tummelten sich Hunderte von besonders großen Meerechsen, die hier seltsamerweise sehr scheu waren. Während unserer Dingifahrt zum Kap hinüber wurden wir von schwarzen Haifischflossen begleitet, die Fische selbst bekamen wir nicht zu

Auf allen Galapagosinseln, die zum Nationalpark gehören, stehen diese Hinweistafeln.

Republic of Ecuador
Nationalpark of the Galapagos
Visitors are respectfully reminded that
the indigenous Wildlife of these Islands
is strictly protected by law.

Alle Besucher werden daran erinnert, daß alles einheimische Naturleben gesetzlich geschützt ist.

sehen. Von diesem Kap aus ziehen sich schwarze, völlig unwegsame Lavafelder hinauf zum Vulkan Wolf. Mörderisch, hier bei Sonne unterwegs sein zu müssen!

„Es ist mörderisch", begann Gil seine Erzählung von Punta Albemarle, „es muß wohl drei oder vier Jahre her sein, da wollte die Navy hier ein militärisches Überlebenstraining durchführen. Zehn junge Soldaten, alle vom Festland und ohne jede Galapagoserfahrung, wurden einen Kilometer vor der Küste zwischen den Vulkanen Wolf und Darwin abgesetzt. Die Soldaten waren in ihren Kampfanzügen unter Waffen und hatten als Ausrüstung nur eine Streichholzschachtel bei sich. Ohne Wasser und ohne Nahrung und ohne jede weitere Ausrüstung sollten sie an den Strand schwimmen und dann die Insel Isabela zwischen Wolf und Darwin durchqueren, bis zum Westufer, wo das Schiff warten wollte. Das Marineboot wartete nicht, bis die zehn Soldaten schwimmend den Strand erreichten, sondern ‚dampfte' gleich los, um Punta Albemarle herum, zur Westküste. Alle Soldaten erreichten in ihren Kampfanzügen und mit den schweren Waffen das Ufer. Die Gruppe besaß sogar einen Kompaß. Das Überlebenstraining konnte beginnen, die Entfernung vom Westufer betrug von der Landestelle aus in der Luftlinie nur 30 km. Die verantwortlichen Offiziere für diese seltsame Übung müssen ebenso unerfahren und naiv gewesen sein wie die betreffenden Soldaten, die froh waren, die ersten 1000 Meter im Wasser überlebt zu haben. Sie hatten überhaupt keine Ahnung, was sie auf Isabela erwartete. Die Lava ist so rauh und völlig schattenlos, daß es für einen Menschen einfach nicht möglich ist, dort 30 km zu marschieren, zumindest nicht ohne entsprechende Ausrüstung und ohne Wasser. Die schlechten Militärschuhe wurden in der heißen Lava sehr schnell aufgearbeitet und hingen schon bald in Fetzen an den Füßen der Soldaten. Erst nach zwei Tagen erreichte die Gruppe den Fuß des Vulkans Darwin, da starb der erste Soldat an Erschöpfung und Wassermangel. Zu diesem Zeitpunkt erkannten alle anderen, daß es Selbstmord wäre, weiter zu marschieren. Man stimmte ab und entschied sich für den Rückzug. Dort in der Lava lebte nichts, so daß gar keine Chance bestand, Nahrung oder gar Wasser zu finden und dann die Sonne! Ihr müßt wissen, daß der Äquator direkt durch den Wolfkrater läuft. Während des Rückzuges starb der zweite Mann ebenfalls an Erschöpfung. Der Rest kam glücklich zur Küste zurück und hoffte, daß ihr Navyboot jeden Moment um das Kap kommen müßte. Die Schuhe waren jetzt völlig unbrauchbar und durchgelaufen. Die Gruppe wartete – da starb der dritte Mann.

Jetzt fingen die Männer Meerechsen und tranken ihr Blut. Niemand von den Überlebenden kannte sich aus und wußte, daß Isabela im Süden bewohnt ist, ebensowenig wußten sie, wohin der Weg im Norden führte, aber dahin war ihr Schiff gefahren. Also wendeten sie sich nach Norden. Sie wickelten sich ihre Kampfhosen um die Füßen, denn barfußgehen kann man an dem Lavastrand nicht. Die Soldaten suchten von der Brandung rundgeschliffene Steine, um daraufzutreten und kamen deshalb nur sehr langsam voran. Ein einziger erreichte lebend Punta Albemarle und ging jetzt tatsächlich dem Navyschiff entgegen. Aber das waren noch zwei Tagesmärsche, die hätte der Soldat nie überlebt. Er marschierte einen ganzen Tag und sah am Nachmittag ein Schiff. Es war die Beagle II von Rolf Sievers. Der Mann wollte rufen, aber er hatte jetzt keine Stimme mehr. Hunger und Durst und Salzwasser hatten ihn völlig stumm gemacht. Er zog seine Kleider aus und schwamm mit letzter Kraft zur Beagle rüber. Rolf Sievers erkannte den Schiffbrüchigen und ließ sofort sein Dingi ausfahren und rettete den Mann, der nur noch stammeln konnte, daß Freunde von ihm noch drüben auf Isabela waren. Dann brach er bewußtlos zusammen. Auf der Beagle war es schwer, die Zusammenhänge zu begreifen. Aber die Männer wußten, irgendwo an der Küste waren noch Soldaten und brauchten sehr schnell Hilfe. Rolf Sievers fand noch am selben Abend drei Überlebende, alle anderen waren tot, keiner der Geretteten ist gesund geworden, sie alle leben heute am Rande des Wahnsinns auf dem Festland in Ecuador."

Der Zufall wollte es, daß wir wenige Stunden, nachdem uns Gil von dieser traurigen Begebenheit erzählt hatte, die Beagle II trafen, das war in der Bucht von James. Von hier aus wollten wir zu unsrem letzten Abenteuer, zur Besteigung des Vulkans Alcedo, aufbrechen. Vielleicht hätte uns Gil die Soldatenstory nicht gerade vor unserer Alcedobesteigung erzählen sollen. Auf jeden Fall saßen Renate und ich am Abend auf einer kleinen Anhöhe und musterten durch das Fernglas voller Respekt die schattenlosen Lavahänge „unseres" Vulkans, den wir zusammen mit Steve am nächsten Tag erklettern wollten. Steve war bei uns und lachte nur über die recht naiven Offiziere, die durch ihr Nichtwissen so viele junge Männer in den Tod geschickt hatten: „Well, ich möchte nicht in der ecuadorianischen Armee dienen, aber die einheimi-

Gil und Anita de Roy mit ihrem Dingi beim Ausbooten.

schen Fischer sind hier ganz ähnlich einfältig. Während des Krieges waren hier überall Amerikaner. Von ihnen liegt noch sehr viel Munition herum. Hier in der Bucht liegt ein ganzes Munitionsschiff auf dem Grund, und immer wieder kommen Sporttaucher, um da unten rumzuspielen, obwohl das verboten ist. Und seht da unten hin, genau dort haben Fischer von Isabela vor wenigen Jahren eine große amerikanische Bombe gefunden. Knallrot war das Ding und wahnsinnig schwer. Die Fischer hatten keine Ahnung, um was für ein Teufelsding es sich handelte und wollten nur den schweren Bleimantel für ihre Netze. Sie begannen, mit Knüppeln und Äxten auf die Bombe loszuschlagen, aber nichts rührte sich. Deshalb kamen die Männer auf die tolle Idee, das Blei abzuschmelzen. Sie zündeten ein großes Feuer an und legten die Bombe mitten hinein. Erwartungsvoll hockten sie im Kreis um das Bombenfeuer und warteten drei Stunden lang vergeblich. Nichts geschah und kein Gramm Blei schmolz ab. Enttäuscht zogen die Fischer ab, sprangen in ihr Boot und ruderten aus der Bucht hinaus. Dann hörten sie plötzlich eine gewaltige Detonation. Nie vorher hatten sie einen solchen Knall gehört und nie vorher sahen sie Steine und Sand so hoch in die Luft fliegen. Passiert ist keinem etwas.“

Alcedo

Im Alcedokrater hockten wir also im dicksten El-Nino-Regen. Am nächsten Morgen sprangen Renate und ich noch einmal splitternackt hinaus in den Regen, um Wasser zu horten, damit beruhigten wir auch unser Gewissen, weil wir wenigstens etwas getan hatten. Nachts sank das Thermometer nicht unter 18° Celsius, so war es trotz der permanenten Nässe leidlich warm. Zum Frühstück kam Steve herüber, fluchte in Englisch und Spanisch durcheinander und wartete, dem nassen Wetter völlig ergeben, auf Renates Frühstück: freeze dried-Eier und dazu Asbach-Uralt-Tee. Trotz des Regens unternahm ich kurze Exkursionen mit meiner Kamera und suchte nach Schildkröten, denn ihretwegen waren wir ja hier. Sie hatten mich von Anfang an fasziniert, ebenso wie Darwin und wie viele Männer, die lange vor Darwin hier waren und die Tiere fast ausrotteten.

Die erste ausführliche Beschreibung der Galapagos-Schildkröten finden wir bereits im Jahre 1684, sie stammt von dem Seefahrer Dampier: „Als die Spanier zuerst diese Inseln entdeckten, fanden sie Mengen von Guanos (Leguanen) und Landschildkröten und nannten sie die Galapagosinseln. Ich glaube, es gibt keine Gegend der Welt, die so reich mit diesen Tieren versehen ist. Die Guanos hier sind so fett und groß, wie nur irgendwelche, die ich je sah; sie sind so zahm, daß ein Mann in einer Stunde mit einem Knüppel zwanzig niederschlagen kann. Die Landschildkröten sind hier so zahlreich, daß fünf- oder sechshundert Mann von ihnen

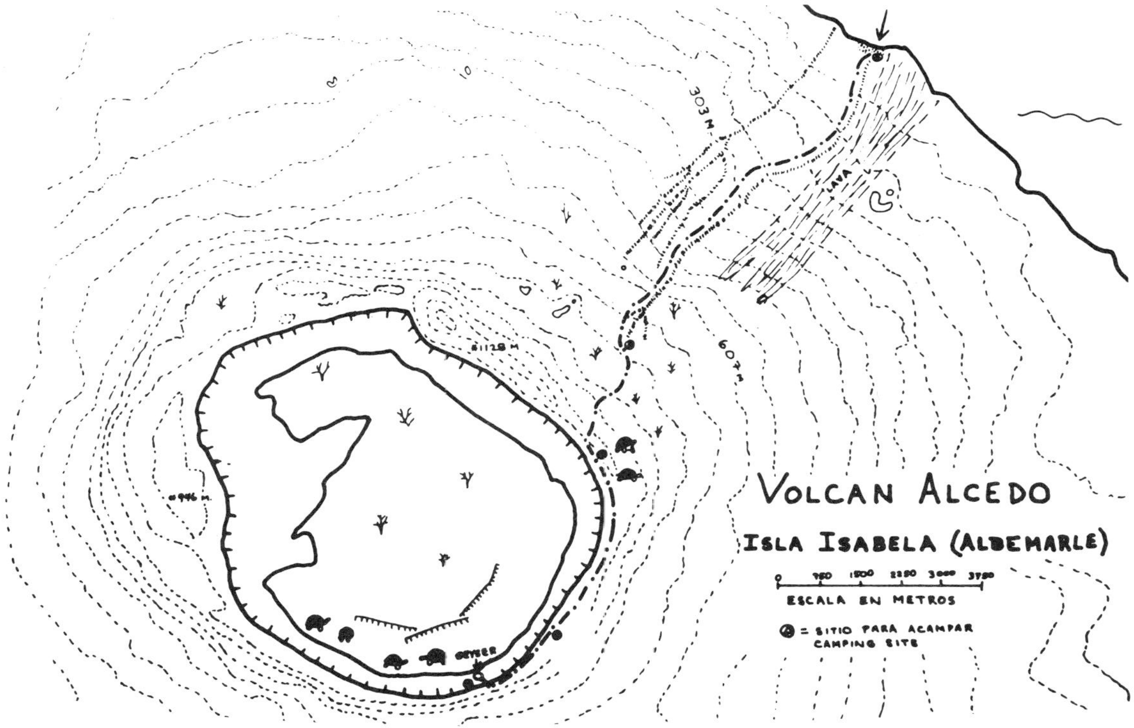

Alcedo
Hauptattraktionen: Riesenschildkröten, Vulkankrater, Fumarolen.
Andere Attraktionen: Galapagosbussard, Palo-Santo-Bäume.
Länge des Weges (ein Weg) Küste – Krater 10 km.
Minimum Zeit 5 Stunden, vom Kraterrand zum Geysir 3 Stunden.

Rechts: Unser Camp am Kraterrand des Alcedo.

mehrere Monate lang leben könnten, ohne irgendwelche andere Speise; sie sind außergewöhnlich fett und so wohlschmeckend, daß kein Hühnchen köstlicher mundet. Eins der größten dieser Tiere wiegt wohl 120 oder gar 180 Pfund, und einige von ihnen messen 60 oder 75 cm über dem Bauch.“

Ein anderer Seefahrer, Kapitän Porter, beschrieb die Galapagos-Schildkröten im Jahre 1813 wie folgt: „Hier kann man Holz bekommen sowie Landschildkröten in großer Zahl, die wegen ihres köstlichen Geschmacks sehr geschätzt sind. Sie sind bemerkenswert wegen ihrer Größe und wiegen jede drei bis vier Zentner. Walfischfahrer, die in der Nähe dieser Inseln ihrem Gewerbe nachgehen, nehmen im allgemeinen zwei- bis dreihundert dieser Tiere an Bord und verstauen sie im Schiffsraum, wo sie, so seltsam es klingen mag, oft ein ganzes Jahr lang am Leben blieben, ohne Nahrung oder Wasser, und wenn sie nach Ablauf jener Zeit getötet wurden, fand sich, daß sie an Fett und Geschmack nur noch gewonnen hatten.“
Alle frühen Besucher, ob Piraten, Siedler oder Naturwissenschaftler, lobten vor allem das köstliche Fleisch der Schildkröten, ihr schmackhaftes und gesundes Fett oder die praktische Seite ihrer bequemen Haltbarkeit an Bord der Schiffe. Mich haben sie eigentlich nur als Fotograf angezogen – durch ihr urweltartiges Aussehen, durch ihre schwerfällige Gangart und durch ihr Unvermögen, rasch zu fliehen. Etwa dreißig Schritte vom nassen Zelt entfernt fanden wir die ersten Schildkröten in tiefen Wasserpfützen suhlen. Wir konnten die im Regen glänzenden Tiere in aller Ruhe von hinten und von der Seite beobachten. Sie hören ja nicht. Erst wenn wir in ihr Blickfeld traten, zogen sie zi-

schend den Kopf, der an einen Schlangenkopf erinnert, unter den schützenden Panzer. Wasser scheint angenehm für sie zu sein, denn damit töten sie Insekten ab und vermutlich mildert das Wasser auch das schwere Gewicht des Panzers. In den historischen Beschreibungen werden uns Maße und Gewichte genannt, die sind alle geschätzt und untertrieben. Eibl-Eibesfeldt beschreibt eine Schildkröte mit folgenden Maßen: „Um die Körpermitte maß sie 224 cm, und über den Rücken gemessen war die Schale 131 cm lang. Wir versuchten zu viert das Tier hochzuheben, aber wir schafften es nicht einmal um einen Zentimeter. Es wog wohl an die 300 kg. Mit einem Knüppel walzten wir es dann in Rückenlage."

Diese Feststellung läßt uns noch mehr über die alten Berichte staunen, denn Kapitän Porter, den ich oben bereits zitiert habe, schrieb an anderer Stelle, daß seine Leute einmal in vier Tagen 14 Tonnen Schildkröten eingesammelt hatten! „Mehr konnten wir nicht verstauen", bemerkte Porter dazu. Wir fragten uns, wie die Männer 14 Tonnen Schildkröten zur Küste transportieren konnten, wenn Eibl-Eibesfeldts Leute zu viert nicht eine einzige Schildkröte vom Fleck brachten? Oder waren das früher doch ganz andere Kerle!?

Nach dem nassen Freeze-dried-Lunch entschlossen wir uns, unser Lager abzubauen und ein Stück in Richtung Geysir zu marschieren. Der Geysir, von dem ich bisher nur Filmaufnahmen bei Gils Eltern gesehen hatte, lag irgendwo zwischen Regenwolken einen Tagesmarsch südlich von uns. Der Kraterrand des Alcedo hat etwa eine Breite zwischen 20 und 50 Metern, ein Pfad war kaum zu erkennen. Der Regen hatte alles urwaldartig zuwachsen lassen. Wir mußten steil hinuntersteigen, um dann wieder Höhe zu gewinnen. Es ging durch enge Schlingpflanzen und dann wieder über kahle Felsen. Ab und zu rissen die Wolken, in denen wir uns befanden, für Sekunden auseinander und wir konnten in den Kraterboden hinuntersehen; wilde, zerklüftete Lava, unmöglich zu überqueren! Plötzlich erkannten wir in einem Wolkenloch weit entfernt eine helle Dampfsäule, den Geysir. Weiter konnten und wollten wir auf dieser Tour nicht vordringen, obwohl mich noch andere Ziele sehr gelockt hätten. Einen weiteren Tagesmarsch vom Geysir entfernt befinden sich goldgelbe, übelriechende Schwefelfelder, die dampfen wie ein Höllenschlund. Gils Mutter hat dort einen ganz großartigen Film gedreht, dessen Szenen ganz an die Schöpfungsgeschichte erinnern. Ich sehe diese Bilder genau vor mir, auf denen Schildkröten aus dem brodelnden Dampf wie fremde Wesen der Vergangenheit hervortraten oder im blendendweißen Nichts wieder verschwanden. Auch Tui schwärmt von den einzigartigen Motiven dieser kaum zugänglichen unwirklichen Welt auf Galapagos.

Aber bei diesem Sauwetter und bei den katastrophalen Wegverhältnissen im Krater konnten wir an ein weiteres Vordringen bis zu diesem Platz nicht mehr denken – vielleicht später einmal! Wir liefen knappe zwei Stunden ohne Regenkleidung, sie wäre ja sowieso längst durchnäßt. Manchmal stolperten wir fast über Schildkröten, die uns im Wege lagen, sie zogen zischend die Köpfe ein – übrigblieben nur schwarze Klumpen im nassen Grün dieser unvorstellbaren Wildnis. Unsere Lasten waren drückend schwer, viel schwerer als am Vortag beim glühendheißen Aufstieg, denn alles war naß und ich hatte noch weitere 10 Liter Wasser in der Hand. Schließlich erreichten wir eine grasbewachsene Lichtung, die sich gut für ein Camp eignete.

Der Mensch gewöhnt sich rasch an alle möglichen Situationen – wir nahmen den Regen einfach hin und fluchten nicht einmal mehr. So liefen wir barfuß und mit nacktem Oberkörper in nassen Jeans im Lager herum und hockten auch halbnackt in unseren Zelten, denn trockene Sachen besaß keiner von uns. Plötzlich schraken wir zusammen, als ganz dicht an unserem Lager donnernder Hufschlag zu hören war, Äste knackten und brachen. Wildesel, es mußte mindestens ein halbes Dutzend gewesen sein. Die waren immer besonders scheu und galoppierten bei jedem Zusammentreffen in panischer Angst davon. Auch an das gleichmäßige Trommeln der Regentropfen auf unserem Zelt hatten wir uns gewöhnt, es wirkte einschläfernd.

Gegen vier Uhr früh wachte ich auf. Der Regen hatte aufgehört. Ich öffnete den Reißverschluß, der wegen der Nässe klemmte, und stieß fast einen Freudenschrei aus; tausend Sterne funkelten über dem Alcedo! Meine Begeisterung über den Wetterwechsel war so groß, daß ich Renate weckte, um ihr die Neuigkeit mitzuteilen. Eine Stunde später hielt uns nichts mehr unter der nassen Leinwand, über James lag bereits ein erster roter Schimmer und vertrieb die Dunkelheit sehr schnell von Osten her. Als die Morgensonne unser Lager erreichte, legte ich erst einmal die gesamte Leicaausrüstung zum Trocknen hinaus. Renate bereitete zum ersten Mal draußen ein herrliches Frühstück. Wir überlegten kurz, ob wir die Zelte abbauen und in hohes Gebüsch legen sollten, weil Schildkröten Hindernisse wie ein Zelt gerne einfach umrennen, aber dann waren wir zu bequem für diese Arbeit. Steve kannte diese Gefahr besser und baute sein Zelt ab, während ich überlegte, daß ein aufgespanntes Zelt schneller trocknen würde als ein zusammengerolltes. War das eine Wohltat, wärmende Morgensonne und frisches, nasses, hüfthohes Farnkraut. Der Kraterrand dampfte richtig an diesem erwachenden Tag. Der Pfad war so zugewachsen, daß Steve seine Machete immer wieder einsetzen mußte, um uns ein Durchkommen zu ermöglichen. Es folgten einige etwas heikle Kletterstellen, aber wir wanderten heute ohne die schweren Lasten, nur mit leichten Tagesrucksäcken und unserer Kameraausrüstung hier am Ende der Welt. Bald folgte dampfendes Wiesengelände und da lagen und krochen sie überall herum. Über 70 Elefantenschildkröten fanden wir an jenem Tag. Wir sahen kleine Schildkröten fleißig Gras fressen, hinter ihnen sah die Wiese aus wie frisch gemäht. Die größeren Tiere reckten ihre langen Hälse hoch hinauf und schnappten nach frischem Grün an Büschen und im Farnkraut. Die Schildkröten scheinen sehr träge in ihren Reaktionen zu sein. Wenn ich plötzlich mit meiner Kamera vor ihnen stand, schauten sie mich 20–30 Sekunden lang verdutzt an, bevor sie ihre Köpfe fast erschrocken einzogen. Diese Zeit reichte aus für gute Bilder. In der sauberen und klaren abgeregneten Luft erschien uns der Geysir sehr nahe, aber das war nur eine optische Täuschung, zumal wir immer wieder längere Pausen einlegten um zu fotografieren und um einfach zu schauen. Welch eine Welt! Um uns das blaue Meer, weit und tief unten. Vor uns ein grandioser Krater mit einem so rissigen Lavaboden, daß alleine die Vorstellung einer Durchquerung Angst erzeugt, und um uns herum Tiere aus der Vorzeit; schlafend oder nur dösend, genüßlich fressend oder im Liebesakt stöhnend und schreiend. Wir beobachteten ein Weibchen, das noch zu schlafen schien, das Männchen drängte zum Liebesspiel und bespuckte die schlafende Braut immer wieder von hinten.

Alles was wir hier beobachteten und niederschrieben, kann nur oberflächlich und lückenhaft gegenüber den Aufzeichnungen von Charles Darwin sein, deshalb möchte ich den großen Galapagosforscher an dieser Stelle wörtlich zitieren:
„Diese Tiere finden sich wahrscheinlich auf allen Inseln dieser Gruppe, sicher auf den meisten. Sie halten sich vorzugsweise in den hochgelegenen, feuchten Gegenden auf, bewohnen aber auch die niedrigen und trockenen Orte. Einige werden ungeheuer groß: Lawson, ein Engländer, erzählte uns, er habe so große Tiere gesehen, daß sechs oder acht Leute erforderlich waren, um sie in die Höhe zu heben; und einige hätten nicht weniger als 180 Pfund Fleisch gegeben. Die alten Männchen sind am größten. Die Weibchen werden selten so massig. Das Männchen kann leicht von dem Weibchen an dem längeren Schwanz unterschieden werden.

Die Schildkröten, die auf den Inseln leben, wo es kein Wasser gibt, oder in den niedrigen und trockenen Teilen der anderen, nähren sich hauptsächlich von dem saftigen Kaktus. Die Schildkröte liebt das Wasser, wovon sie unglaubliche Mengen schlürft, und suhlt sich gerne im Schlamm. Die größeren Inseln allein besitzen Quellen; diese liegen immer nach der Inselmitte zu und in beträchtlicher Höhe. Daher müssen die Schildkröten, die sich in den niedrigen Gegenden aufhalten, wenn sie durstig sind, eine lange Reise unternehmen. Das erklärt die breiten, ausgeprägten Fährten, die sich von den Quellen in allen Richtungen nach der Meeresküste hinziehen. Die Spanier entdeckten dadurch, daß sie ihnen folgten, zuerst die Wasserstellen. Als ich auf Galapagos landete, konnte ich mir gar nicht denken, was für ein Tier so planmäßig auf wohlgewählten Pfaden wanderte. Es war ein merkwürdiges Schauspiel, in der Nähe der Quellen viele dieser riesigen Tiere zu erblicken, von denen die meisten mit ausgestreckten Hälsen eifrig vorwärts strebten, während die anderen wieder heimkehrten, nachdem sie sich sattgetrunken hatten. Wenn die Schildkröte an der Quelle ankommt, steckt sie ganz unbekümmert um irgendwelche Zuschauer den Kopf bis über die Augen ins Wasser und schluckt gierig in großen Zügen, etwa zehn in der Minute. Die Einwohner sagen, jedes Tier halte sich drei oder vier Tage in der Nähe des Wassers auf und kehre dann ins Tiefland zurück; aber über die Häufigkeit dieser Besuche gingen die Meinungen auseinander. Das richtet sich bei dem einzelnen Tier wahrscheinlich nach der Art der Nahrung, die es zu sich genommen hat. Es ist indessen gewiß, daß die Schildkröten sogar auf den Inseln leben können, wo kein anderes Wasser vorhanden ist als das, welches während der paar Regentage im Jahr fällt.

Wenn die Schildkröten planmäßig zu einem bestimmten Ort wandern, gehen sie Tag und Nacht und sind viel eher am Ziel, als man meinen möchte. Aus der Beobachtung gezeichneter Tiere haben die Einwohner berechnet, daß sie in zwei oder drei Tagen etwa 13 km zurücklegen. Eine große Schildkröte, die ich beobachtete, war in 10 Minuten 25 Meter vorwärtsgekommen. Das wären stündlich 330 Meter oder 6,5 km am Tage, wenn man etwas Zeit zum Fressen unterwegs abrechnet. In der Zeit, wo Männchen und Weibchen zusammen sind, stößt das Männchen ein heiseres Brüllen oder Blöken aus, welches man angeblich über 100 Meter weit hören kann. Das Weibchen gebraucht seine Stimme nie, das Männchen nur zu dieser Zeit, so daß die Leute, wenn sie diese Laute hören, wissen, daß die zwei zusammen sind. Als wir da waren (Oktober), legten sie gerade ihre Eier. Auf sandigem Boden legt das Weibchen sie zusammen ab und deckt sie mit Sand zu; wo aber der Boden felsig ist, läßt sie es aufs Geratewohl in irgendeine Vertiefung fallen.

Das Ei ist weiß und rund; eins, welches ich maß, hatte einen Umfang von 19 cm, war also größer als ein Hühnerei. So wie die jungen Schildkröten ausgekrochen sind, fallen sie in großen Scharen dem aasfressenden Bussard zur Beute. Die Einheimischen glaubten, daß diese Tiere völlig taub seien, sicher hören sie nicht, wenn jemand dicht hinter ihnen geht. Es machte mir immer Spaß, wenn ich eins dieser großen Tiere einholte, das ruhig entlang trottete, zu sehen, wie es in dem Augenblick, wo ich vorbeiging, plötzlich Kopf und Beine einzog und unter tiefem Zischen mit schwerem Plumps auf den Boden fiel, als ob es vom Tode ereilt worden wäre. Ich setzte mich häufig auf ihren Rücken, und wenn ich dann ein paar Mal auf den hinteren Teil des Panzers schlug, standen sie auf und zogen weiter; aber ich fand es sehr schwierig, dabei das Gleichgewicht zu halten. Das Fleisch dieses Tieres wird vielfach verwendet, sowohl frisch wie eingesalzen; aus dem Fett wird ein helles, schönes Öl gewonnen; wird eine Schildkröte gefangen, so macht der betreffende Mann einen Schlitz in die Haut dicht am Schwanz, um zu sehen, ob der Speck innen unter der Rückplatte auch dick genug ist. Ist das nicht der Fall, so wird das Tier freigelassen und erholt sich angeblich bald wieder von der eigentümlichen Operation. Um sich der Schildkröte zu versichern, genügt es nicht, sie wie Seeschildkröten umzudrehen, denn sie kommen alleine wieder auf die Beine."

Gegen Mittag erreichten wir den Geysir unten im Alcedokrater. Schon eine Stunde vorher hörten wir sein Dröhnen und Stampfen und das Gebrüll aus der Erde. Schmutziger Schwefelschlamm wird da explosionsartig aus der Hölle geschleudert, so wie bei der Geburt von Galapagos. Auf dem Rückweg wurden wir plötzlich erneut vom schweren El-Nino-Regen überfallen, aber er störte uns nicht mehr. Wir hatten ein letztes Paradies erlebt und fotografiert und schmiedeten bereits Pläne für eine Wiederkehr, Pläne für einen neuen Besuch dieses Kraters. Eine letzte Regennacht im Zelt, dann stiegen wir ab zu Gil und Anita und nahmen Kurs auf Baltra, wo unser Flugzeug wartet.

Der Sommer auf Galapagos hat unser Leben tiefer und reicher gemacht!

Diese Urwelt ist es wert, geschützt zu werden. Gerade in unserer Zeit, in der so viel Pessimismus gepredigt und verbreitet wird, in der wir von Zerstörung und Weltuntergang hören und lesen, in der unserer jungen Generation eine düstere Zukunft auf die Schultafel gemalt wird – können wir an Orten wie Galapagos Kraft und Zuversicht schöpfen und ein wenig vom verlorengegangenen Urvertrauen zurückgewinnen. Das ist wichtig – auch für den Fortbestand unserer Zivilisation, die vielfach schon zur Überzivilisation geworden ist. Die verwunschenen Inseln von Galapagos führen uns aus dieser Überzivilisation, aus der Gils Eltern, Margret Wittmer, Karl Angermeyer, Familie Sievers und viele andere aus Protest und Enttäuschung ausgebrochen sind, heraus und zurück zum Wesentlichen – zurück in den Garten Eden.

RETTET NATUR
WWF

WWF-Deutschland bittet um Ihre Spende für den Naturschutz auf Galapagos.
Commerzbank Frankfurt/Main · Spendenkonto 2000.

Seite 145: *Abend auf Seymour. Fünf Blaufußtölpel warten geduldig, daß der Fotograf ihre Insel verläßt, denn nachts müssen alle Touristen fort auf ihre Boote und Yachten, da gehören die Galapagosinseln alleine den Tieren.*

Seiten 146/147: *Sonnenuntergang auf Punta Albemarle, dem Nordkap der Insel Isabela. Gischt wirbelt durch die letzten Sonnenstrahlen, wenn Wellen an den Strand klatschen. Das Bild wird zur Schöpfungsgeschichte, die wir auf Galapagos immer wieder neu erleben können.*

Seiten 148/149: *Porträt einer Geisterkrabbe – Mosaikstein von Galapagos.*

Seiten 150/151: *Waldlandschaft auf James.*

Seiten 152/153: *Drachen in der Nacht. Die „grinsenden" Meeresechsen grinsen gar nicht. Sie wurden von mir angeblitzt; was im ersten Moment wie ein furchterregendes Gebiß aussieht, sind in Wahrheit helle Schuppen über dem Maul der friedlichen Tiere.*

Seiten 154/155: *Galapagos; das sind Tiere, die ihr Urvertrauen behalten haben – bis in unsere Zeit hinein, in der die zivilisierten Menschen gegenseitiges Vertrauen verloren haben. Wir Menschen reden vom Paradies, die Tiere praktizieren es. Unsere Aufgabe ist es, Galapagos zu schützen, damit uns der Blick in dieses Paradies nicht verloren geht.*

Seite 156: *Neues Leben auf Galapagos – Galinula-Küken im Nest auf Isabela – so entstand es schon bald nach der Geburt des Archipels und überdauerte Jahrtausende. Bedroht wurde es erst, nachdem Menschen die Arche Noah im Pazifik fanden und betraten.*

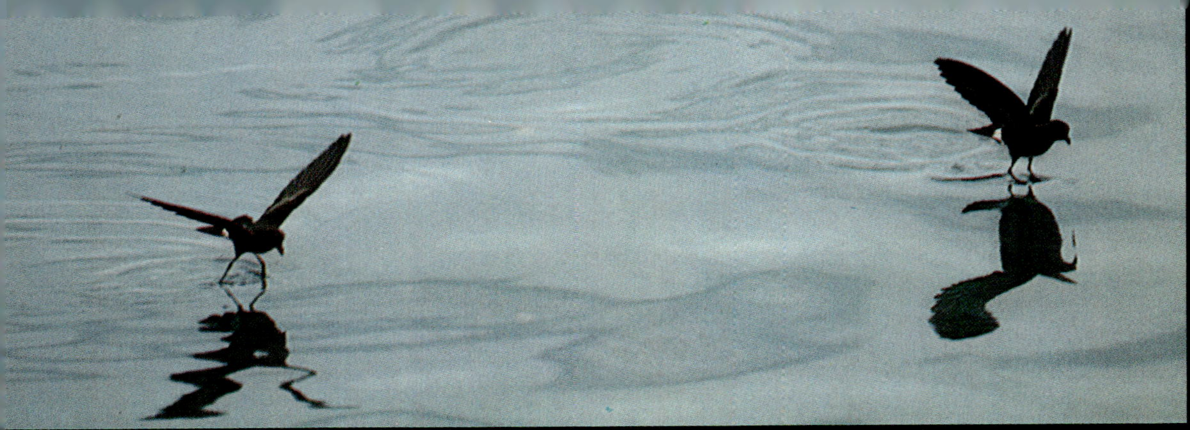

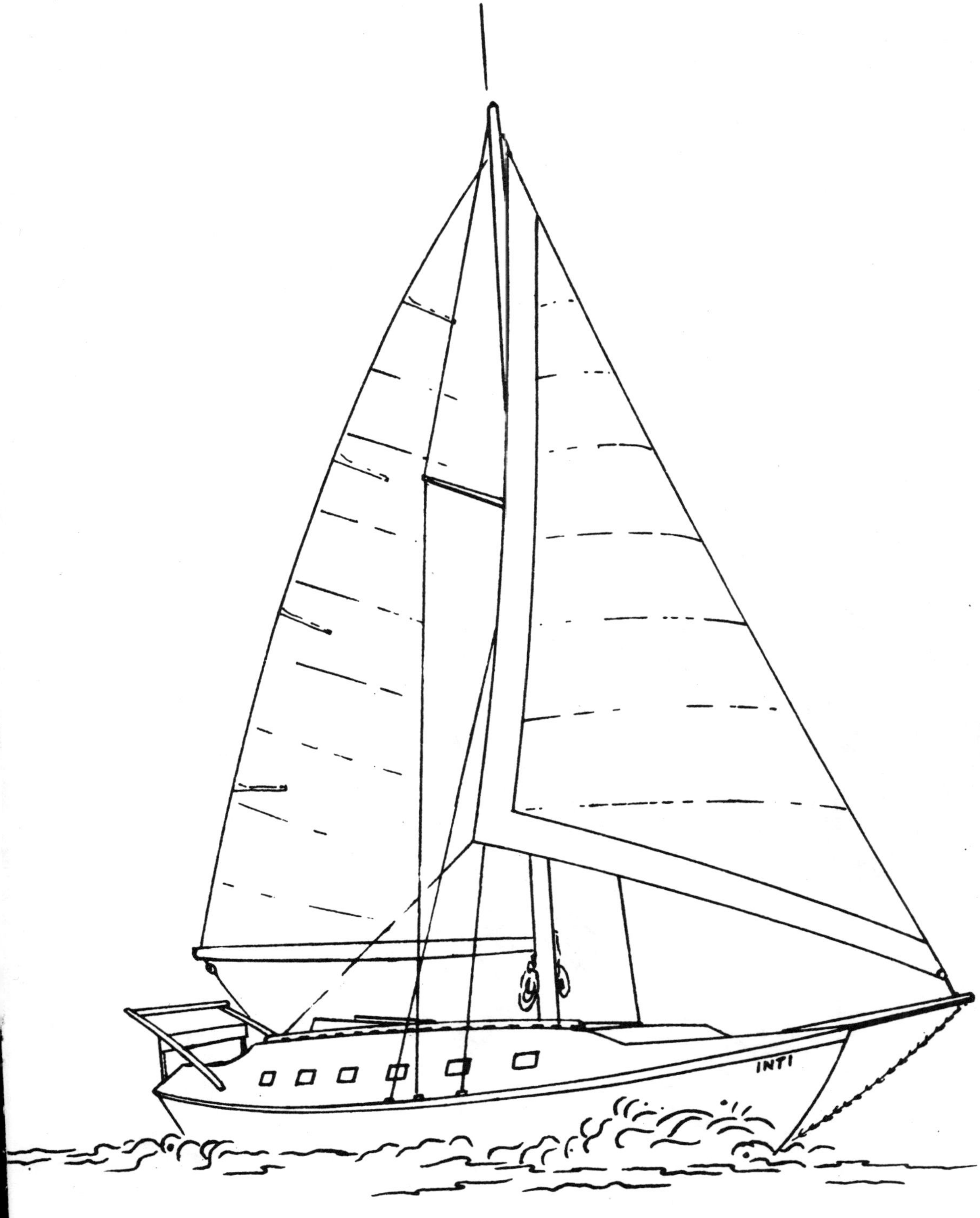
INTI